KB116272

ADHD
전문가를 위한
치료 지침서

이성직 저

학지사

저자 서문

　ADHD 아동을 위한 효과적인 개입과 관련된 참고서적이 여전히 부족한 실정이다. 가정이나 학교 장면에서 ADHD 아동의 어려움에 대한 효과적인 개입전략에 대하여 합의된 목소리의 부재로 인해 부모나 교사가 심각한 어려움을 겪고 있다. 저자가 미국에서 석사 인턴십 과정 수련을 하고 졸업 후에 비행청소년 보호기관에서 일하면서, 그리고 박사과정 수련과정에서 ADHD 아동·청소년과 작업하면서 늘상 가진 생각은 아동·청소년은 변화시키기 어렵다는 무력감에서 나오는 자기합리화였다. 저자의 이러한 학습된 무력감과 좌절감은 박사과정 마지막 코스인 인턴십을 하면서 아동·청소년의 문제 개입에서 치료 접근방법이 틀렸기 때문에 비롯되었다는 것을 깨닫게 되었다.

　임상훈련 과정에서 4개월 동안의 집중적인 개입 프로그램으로 위기가정을 직접 방문하여 부모와 자녀를 그들의 환경에서 직접 관찰하면서, 아동·청소년 위주의 개인이나 집단 상담이 얼마나 한계가 있는지를 절감하게 되었다. 병원이나 그룹 홈에서 치료를 받은 아동·청소년이 다시 그들의 환경에 돌아갈 경우, 일명 '허니

문 기간'을 지나면 가족의 역기능적 역동에 휘말려 다시 문제행동을 보이는 것을 알게 되었다. 지역사회 정신건강센터에서 부모교육을 해 보면 일부 부모는 자신들이 이미 수차례 부모교육을 들어서 양육이나 훈육에 대해 잘 알고 있다고 생각한다. 이러한 부모들의 가정에서 자녀들과의 상호작용을 실시간으로 관찰해 보면 배운 내용을 전혀 적용하지 못하거나 일관되게 규칙과 제재를 실행하는 데 실패하는 경우를 자주 보게 된다.

　이 책에서는 저자가 미국에서 비행청소년의 위기가정이나 ADHD 아동 · 청소년 가정을 방문하여 부모나 교사를 대상으로 자주 적용하고 코칭하였던 내용을 다루었다. 시행착오적인 경험에서 깨달은 사실은 아동 · 청소년이 건강하게 성장하려면 그들의 성장의 토대가 되는 가정과 학교, 즉 부모와 교사의 역할을 건강하게 해야 한다는 것이다. 이 책은 아직 저자의 글쓰기 능력의 부족으로 인해 독자가 이해하는 데 어려움이 있을 수 있다. 부족한 부분과 새롭게 밝혀지는 연구 결과들은 차후 이 책의 개정을 통해서 지속적으로 보완할 것이다. 부족하지만 이 책을 통해 ADHD 아동의 부모와 교사 그리고 상담사에게 실제적인 도움이 되길 간절히 바란다.

　이 책이 나올 수 있도록 지원해 주신 학지사 김진환 사장님, 한승희 부장님 그리고 편집부의 김진영 차장님께 진심으로 감사를 드린다. 마지막으로 나의 석사과정의 은사이자 아버지 같은 작고하신 Robert Erk 교수님께 이 책을 바친다.

2020년 2월
저자 이성직

ADHD 전문가를 위한 치료 지침서

　주의력결핍 과잉행동장애(Attention Deficit/Hyperactivity Disorder: 이하 ADHD)는 아동기에 흔하게 보이는 정신발달장애이다. 주의력이 부족하여 산만하고, 또래에 비해 과잉행동 및 충동적인 행동으로 가정과 유치원 혹은 학교 등 다른 외부 장소에서 또래나 성인과 갈등을 보이고, 일상에서 심각한 어려움을 경험하게 될 경우 상기 진단을 내리게 된다. 실제로 주의력의 결핍이라기보다는 주의력을 일관되게 유지하는 데 어려움을 보이는 장애라 할 수 있다.

　ADHD 장애의 또 다른 주요한 증상은 과잉행동과 충동성이다. 자리에 앉아 있어야 할 상황에서 돌아다니거나 순서를 기다려야 하는 상황에서 기다리지 못하고 끼어드는 행동을 하게 되어 또래들에게 배척을 당하는 경우가 흔하다. 또래들의 집단 따돌림 및 부모와 주변의 성인들에게 듣는 부정적인 피드백은 아동이 성장하여 성인이 되어서도 쉽게 바꿀 수 없는 부정적인 자기상을 형성하게 한다. ADHD는 전 생애적인 장애로 아동의 문제가 장애로 인해 발생하지만, 이러한 문제에 대해 부모나 주변의 성인들이 전향적인 방식으로 대처한다면 적어도 아동이 성인이 되었을 때 심각하게 낮은 자존감을 형성하는 것은 예방할 수 있다.

유감스럽게도 ADHD에 대한 정확한 원인은 밝혀지지 않았지만, 흔히 유전적 요인과 환경적 요인 간 상호작용의 관점에서 그 원인을 설명하고 있다. 이는 유전적인 성향으로 인해 아동이 문제행동을 보이더라도, 아동이 어떤 환경에서 성장하느냐에 따라 증상이 호전되거나 추가적인 문제행동을 예방하거나 악화시킬 수 있다는 의미이다.

이 책『ADHD 전문가를 위한 치료 지침서』는 저자가 세미나나 워크숍을 통해서 만나게 된 수많은 ADHD 아동의 부모가 아동의 양육과정에서 겪게 되는 무력감과 효과적인 아동지도에 대한 절실한 욕구에 대한 반응이자 조언이다. 이 책에서 소개하는 내용은 저자가 현장에서 적용하면서 실제로 많은 효과를 본 기술과 이미 외국에서 효과성이 증명된 기술이다. 이 지침서를 통해 여러 가지 지침에 대해 이해는 할 수 있겠지만, 실제 아동의 문제행동에 대해 효과적으로 적용하는 것은 아주 어려울 수 있다. 아는 것과 할 줄 아는 것은 별개이기 때문에 한편으로 걱정이 들기도 하나 실제로 지침서에서 안내하는 방식대로 한다면 기대하는 수준 이상으로 아동의 문제행동 개선과 부모의 양육 스트레스가 감소되리라 믿는다.

차례

제1부 ADHD에 대한 이해

01 ADHD란 무엇인가 / 15

자기조절력의 형성과 발달 / 53

제3부 **상담과 개입전략**

 가족상담 / 63

제4부 추가적인 개입방법

제1부

ADHD에 대한 이해

ADHD란 무엇인가

　최근에 개정된 미국『정신장애진단통계편람(Diagnostic and Statistical Manual of Mental Disorders: DSM-5)』(APA, 2013)의 정의에 의하면 주의력결핍 과잉행동장애(Attention Deficit/Hyperactivity Disorder; 이하 ADHD)는 아동기에 발생하는 가장 흔한 신경발달장애 가운데 하나로 보고하고 있다. ADHD의 용어는 지난 100년간 시대적인 상황과 학문적 연구의 성과로 인해 계속 바뀌어 왔고, 앞으로도 지속적인 연구 결과를 통해 계속 보완·수정되리라 본다. 이 장에서는 ADHD에 대한 용어 변천사, 오해와 사실, 주요 증상과 진단기준, 하위 유형별 특징, 유병률 그리고 원인에 대해 알아본다.

ADHD에 대한 용어 변천사

ADHD라는 용어는 시대 상황과 두뇌 연구의 발전으로 인해 지금까지 계속 바뀌어 왔다. 1902년에 영국의 소아과 의사 조지 스틸경(Sr. George Still)이 런던의 왕립의학협회 강의에서 자신이 관찰한 아동의 행동을 "도덕적 통제의 결함(Defect of Moral Control)"이라 소개한 것이 공식적으로 ADHD에 대한 과학적 연구의 시작점이라 할 수 있다(Lange, Reichel, Lange, Tucha, & Tucha, 2010). 아동의 행동특징으로 충동성, 잔인성, 시기심, 무법성, 부정직성, 폭력성, 뻔뻔함, 성도덕의 결여, 사악성 등을 언급하면서 타인의 안녕을 고려하지 않고 즉각적인 쾌락추구 성향을 보인다고 보고했다. 현재 기준에서 볼 때 ADHD 복합형 증상에 CD나 ODD 증상을 동반한 것으로 보인다.

그 당시 일부 연구자들은 또한 영아기에 두뇌 손상으로 인해 문제행동이나 학습에 어려움이 일어날 수 있다고 보고했다(Tredgold, 1908). 1917~1918년, 전 세계적으로 유행성 독감이 퍼지면서 뇌염으로 2,000만 명이 넘는 희생자가 발생했는데, 이때 신경학적인 손상을 입은 아동들의 행동이 ADHD와 유사증상을 보이게 되어 ADHD가 뇌손상에 기인하는 것으로 보았다. 하지만 1950~1960년대 많은 ADHD 아동들이 뇌손상을 경험하지 않은 사실을 관찰하면서, 뇌손상 관련 용어를 수정하여 경미한 뇌기능장애(Minimal Brain Dysfunction: MBD)라 부르게 된다. 이후 보다 외적인 과잉행동과 부주의 문제로 여기며 불량한 행동문제(disruptive behavior disorder)로 분류되었다가, 최근 개정판에서는 신경발달장애의 범주로 분류하였다.

- Defect of Moral Control(1902): 통제능력의 도덕적 결함
- Minimal Brain Damage(1950): 경미한 뇌장애
- Hyperkinetic Impulse Disorder(1957): 과잉운동 충동장애
- Hyperactive Child Syndrome(1960): 과잉행동 아동증후군
- Minimal Brain Dysfunction(1962): 경미한 뇌기능장애
- Hyperkinetic Reaction of Childhood(DSM-II, 1968): 아동기 과잉운동 반응장애
- Attention Deficit Disorder(ADD) (DSM-III, 1980): 과잉행동을 가진 ADHD, 과잉행동이 없는 ADHD, ADD 잔류형
- Attention Deficit Hyperactivity Disorder(DSM-III-R, 1987): 주의력결핍 과잉행동장애로 통합(No subtypes)
- Attention Deficit/Hyperactivity Disorder(AD/HD) (DSM-IV, 1994): 파탄적 행동장애(disruptive behavior disorder) 범주로 분류
  ✓ 부주의 우세형(Predominantly inattentive type)
  ✓ 과잉행동-충동성 우세형(Predominantly hyperactive/impulsive type)
  ✓ 복합형(Combined type)
- Attention Deficit/Hyperactivity Disorder(AD/HD) (DSM-5, 2013): 이전과 달리 신경발달장애(neurodevelopmental disorder) 범주로 분류. 유형(type) 대신에 표현형(presentation)이라는 용어를 사용

✓ 부주의 우세 표현형(Predominantly inattentive presentation)

✓ 과잉행동−충동성 우세 표현형(Predominantly hyperactive/
impulsive presentation)

✓ 복합 표현형(Combined presentation)

ADHD 증상에 대한 비공식적인 보고

알렉산더 크리히튼 경(Sir Alexander Crichton, 1763~1856): 스코틀랜드 의사로 ADHD와 유사해 보이는 최초의 사례를 1798년에 그의 저서에서 다음과 같이 보고하고 있다. "ADHD는 유전적이며 아주 어린 시절에 증상이 분명하게 나타나게 된다. 나이가 들면서 증상이 일반적으로 줄어들게 된다."(Crichton, 1798). 증상으로 인해 아동이 교육과정에서 한 가지에 지속적으로 주의를 기울이는 데 어려움을 경험한다고 보고했다. 유전적이 아니더라도 부주의의 어려움은 신경장애로도 발생할 수 있다고 주장했다.

하인리히 호프만(Heinrich Hoffmann, 1809~1894): 독일인 소아과 의사로서 1844년에 자신이 치료 장면에서 관찰한 아동들의 행동을 자신의 자녀에게 선물을 하기 위해 만든 그림책이 출판사의 권유로『더벅머리 페터(Struwwel peter)』라는 제목으로 정식 출판되었다. 책 속의 주인공 Fidgety Phil(독일어 "Zappelphilipp")의 행동이 현재 ADHD 복합형(combined type)에 해당된다. 필립은 부모와 식사를 하면서 탁자에 앉아 가만히 있지 못하고, 의자를 앞뒤로 흔들

다가 식탁보를 붙들고 넘어지는 장면을 연출한다. 또 다른 그림책 속의 주인공, '멍하게 다니는 조니(Johnny look-in-the-air)'는 학교 가는 길에 하늘을 쳐다보면서 걷다가 여기저기에 부딪히는 행동을 자주 보인다. 오늘날의 주의력결핍 우세형이라 볼 수 있다.

ADHD에 대한 오해와 사실

아동의 ADHD 유병률이 점점 증가하는 추세에도 불구하고 ADHD 장애에 대한 인식은 많이 부족하다. 다음에 기술한 내용은 부모들이 자주 혼란스러워 하는 내용들이다.

• 간접흡연 노출은 ADHD 증상의 발현을 높인다.
「사실」임신 중인 산모의 흡연이나 간접흡연의 노출은 ADHD 증상의 발현을 높인다는 주장이 계속 제기되어 왔다. 부모의 흡연에 노출되는 아동 역시 ADHD 증상의 발현을 높인다고 한다. 출생 전에 흡연에 노출된 25세 성인들을 대상으로 한 fMRI 연구에서 행동억제력을 담당하는 두뇌 부분에서 낮은 활동수준을 보여 주었다. 다시 말해, 행동억제력의 결함을 의미한다.

• 식품첨가제가 ADHD를 일으킨다.
「오해」식품첨가제인 인공색소, 감미료, 방부제가 ADHD를 유발시키는 직접적인 원인은 아니지만, 최근 연구들은 식품첨가제나 색소는 특히 과잉행동을 악화시키는 것으로 보고하고 있다.

• ADHD는 제약회사의 음모다.

「오해」 일부 사람들은 여전히 ADHD가 실존하지 않는 장애로서 제약회사의 마케팅으로 만들어 낸 장애라 주장한다. 하지만 ADHD는 분명히 존재하는 장애이다.

• ADHD는 발달장애로 아동·청소년에게만 일어난다.

「오해」 과거에 나이가 들면서 사라지는 것으로 여긴 적도 있었다. 하지만 종단연구를 통해서 ADHD 진단을 받은 아동·청소년의 50% 이상이 성인이 되어서도 유지된다는 사실이 밝혀졌다.

• ADHD 약물은 중독을 낳을 수 있다.

「오해」 ADHD 아동·청소년이 승인된 약물을 복용하지 않아서 자가 치료로 마리화나나 마약 그리고 알코올 등에 중독되는 경우가 더 많다.

• ADHD는 의지력의 문제이다.

「오해」 증상으로 인한 어려움은 의지와 무관하다.

• ADHD 증상은 게으른 사람들의 변명이다.

「오해」 ADHD 아동, 청소년, 성인은 게으르다는 오해를 자주 받는다.

• ADHD의 증상은 약물로 완치 가능하다.

「오해」 약물을 통해 완치되기보다는 단지 증상의 감소를 도와준다. 약물을 사용하는 중에는 증상이 감소하여 학업기능 향상이나 행동의 개선이 있지만 약물을 중단할 경우 증상은 다시 재발하게 된다.

• 설탕이 ADHD를 유발시킨다.

「오해」설탕이나 카페인 그리고 특정 음식물이 증상을 유발시키지는 않는다. 하지만 ADHD 증상을 더욱 악화시킬 수 있다.

• ADHD는 유전적인 장애다.

「사실」정확한 원인은 밝혀지지 않았지만, 가장 설득력 있는 연구결과 가운데 하나이다. 부모 가운데 한 사람이 ADHD 진단을 받을 경우 자녀들이 ADHD를 가질 확률은 57%이다.

• ADHD는 지능이 낮은 사람들에게 주로 일어난다.

「오해」지능에 관계없이 일어나며 지능수준이 높으면 상대적으로 효과적인 대처전략을 사용하는 경우를 자주 본다.

• 잘못된 양육의 결과이다.

「오해」후천적인 양육으로 인해 ADHD가 발생하지 않는다는 게 통상적인 주장이다. 하지만 유년시절 애착 외상에 의한 두뇌의 손상이나 발달지체로 인해 ADHD와 유사한 증상이 일어날 수 있다는 주장이 최근에 일어나고 있다.

ADHD의 주요 증상과 진단기준

부주의

(1) 자세한 사항에 주의를 하지 못하거나, 숙제, 일 또는 다른 활동에서 부주의한 실수를 한다.

(2) 과제나 놀이에서 주의를 집중하는 데 어려움을 자주 보인다.

(3) 직접적으로 말해도 듣는 것 같지 않아 보인다.

(4) 지시를 따르는 데 어려움을 보이고, 숙제나 과제 수행에 어려움을 보인다(반항하거나 지시를 알아듣지 못한 것이 이유가 아님).

(5) 과제를 여기저기에 늘어놓고 정리에 어려움을 보인다.

(6) 지속적인 집중을 요하는 과제(학교 과제)의 수행하기를 자주 회피하고, 싫어하고, 꺼려한다.

(7) 과제나 활동에 필요한 물건들(장난감, 과제물)을 자주 잃어버린다.

(8) 불필요한 자극에 의해서 쉽게 주의가 분산된다.

(9) 매일 해야 하는 일을 자주 잊어버린다.

과잉행동 및 충동성

(1) 자리에 앉아 있을 때 자주 손발을 움직인다.

(2) 수업 중 또는 앉아 있어야 하는 상황에서 자주 자리를 이탈한다.

(3) 부적절한 상황인데 자주 돌아다니거나, 과도하게 기어오른다.

(4) 오락이나 놀이를 조용하게 하지 못한다.

(5) 항상 움직일 태세가 되어 있거나, 마치 모터가 달린 것처럼 행동한다.

(6) 말을 자주 너무 많이 한다.

(7) 질문이 끝나기도 전에 충동적으로 대답한다.

(8) 자기 차례를 기다리는 데 어려워 한다.

(9) 다른 사람들 말에 자주 끼어들거나 자주 방해하는 행동(대화나 게임에 갑자기 끼어듦)을 한다.

ADHD의 진단기준

(1) 부주의, 과잉행동, 충동성의 증상을 보여야 한다.

(2) 상기 증상이 적어도 두 장소 이상에서 나타나야 한다(예: 학교, 가정, 대인관계 상황 등).

(3) 12세 이전에 6개월 이상 증상이 나타나야 한다.

(4) ADHD 증상으로 인한 곤란이 사회적, 학업적, 직업적인 면에서 나타나야 한다.

(5) ADHD 증상은 세 가지 유형으로 분류한다; 부주의 우세 표현형(부주의 증상 9개 중에서 6개 이상), 과잉행동−충동성 우세 표현형(9개 중에서 6개 이상), 복합형(부주의와 과잉행동−충동성이 각각 6개 이상의 경우)

※ 행동평가 보고는 반드시 두 개 이상의 장면에서 일관되게 아동이 어려움을 보여야 하고, 최종 진단을 내리기 전에 몇 개월

의 충분한 시간을 두면서 환경적인 요인이나 의료적인 요인으로 인해 아동이 ADHD 증상을 보이는지에 대한 감별진단이 필요하다.

ADHD 하위 유형과 특징

부주의 우세 표현형의 특징

부주의 행동만 문제가 되고 과잉행동이나 충동성은 두드러지게 나타나지 않는 유형이다.

- 학령기에 자주 발견되며 수업시간에 주의를 집중하지 못하고, 지시를 이해하고 따르는 데 어려움을 보인다.
- 물건을 자주 잃어버리고 해야 하는 일을 자주 잊어버린다.
- 불안이 높고 고립적인 내향적 성격을 보이고, 정신운동 속도가 느리며 높은 학습장애 공존율을 보인다.
- 자기표현의 어려움을 보인다.
- 성인의 경우에도 부주의 우세 표현형은 자존감에 심한 손상을 주며 학습이나 과업 수행에 잦은 실패를 보인다.

과잉행동/충동성 우세 표현형의 특징

부주의 문제는 진단기준에 부합하지 않고 과잉행동/충동성만 두

드러진 유형이다.

- 만족 지연의 어려움을 보이고 즉각적인 보상이나 자극적인 것을 필요로 한다.
- 자신의 말이 상대방에게 어떤 영향을 줄지에 대해서 생각하지 않고 말을 하게 된다.
- 대화 시에 상대의 말이 끝나기 전에 끼어들고, 질문이 끝나기 전에 대답하려는 경향이 높다.
- 또래 집단으로부터 비난, 회피, 집단 따돌림을 자주 당한다.
- 자신의 순서를 기다리는 데 아주 어려워한다.
- 수업시간에 광대 짓을 자주 하고 주목 받는 행동을 자주 한다.
- 자주 싫증을 내고 도중에 자주 그만두는 경향이 높다.
- 과잉행동이나 충동성 통제의 어려움이 있으나 주의력 결핍이 다소 경미하기 때문에 학업기능은 정상 아동과 유사하다고 한다.

복합형 표현형의 특징

행동문제를 보이는 외현화 장애율(적대적 반항장애와 품행장애)이 높고, 동시에 정서적인 고통을 경험하는 내현화 장애율(우울, 사회불안, 강박충동장애 등)도 높다. 학교 아동을 대상으로 한 연구에서 복합형의 경우 교사들이 우울과 불안, 사회성 문제 그리고 또래들에게 거부당하는 경험이 부주의 유형보다 높다고 보고하고 있다. 부주의 우세 표현형의 경우 자기주장의 어려움을 보이지만, 복합형의 경우 자기조절의 어려움으로 인해 또래로부터 집단 따돌림과 거절의 경험을 할 소지가 높다. 반복적인 실패와 따돌림의 경험으로 인해 청소년이나 성인이 된 후 많은 정신과적 장애(편집증이나 적대감 등)와 반사회적 태도나 행동을 보일 가능성이 높다.

ADHD의 유병률

해외 연구

미국의 경우 ADHD의 유병률을 일반적으로 3~5%로 통상 보고했으나, 최근 연구에서 4~17세 아동·청소년의 11%를 보고하고 있다(미국 질병통제예방국, 2011). ADHD 진단을 받은 아동·청소년의 60~80%가 성인이 되어서도 지속적으로 증상을 유지한다고 한다. ADHD가 이제는 전 생애적인 장애라는 인식이 증가하고 있다.

국내 연구

초등학교 1~6학년 아동 6,372명을 대상으로 한 연구에서 표경식 등(2001)은 6.1%의 아동이 ADHD 성향을 보고했으며, 그 중에 남학생이 8.3%, 여학생이 3.9%로 보고했다. 최근에 부산지역 4~6학년 초등학생을 대상으로 한 연구에서는 9.6%의 유병률을 보고했다(이동훈, 2009). 2003~2009년 건강보험 진료비 지급자료 분석에서 ADHD 진료실 인원이 2003년에 18,976명에서 2009년에는 64,066명으로 6년 만에 238% 증가를 보고하였다(국민건강보험공단, 2010).

동반장애

ADHD는 부주의나 과잉행동 및 충동성의 문제로 이차적인 동반장애가 흔히 보고된다. ADHD 아동·청소년들의 64% 이상이 정신이나 정서 혹은 행동장애를 동반장애로 보고하고 있다. ADHD 아동·청소년의 65% 이상이 적대적 반항장애를 보이고, 33% 이상이 불안장애를 보고하고, 25% 정도가 우울장애를 동반장애로 보고하며, 약 45%의 ADHD 아동이 학습장애를 보고한다. 기타 동반되는 장애로 강박장애, 틱 장애, 자폐스펙트럼장애, 발달적 협응장애(미세운동 관련 소근육의 문제) 등이 있다.

적대적 반항장애의 경우 악화가 될 경우 반사회적인 행동을 보일 위험성이 높아지게 된다. 적대적 반항장애는 부모의 강압적인 훈육과 갈등으로 인해 발생하는 이차적인 장애로 효과적인 조기개입이 중요하다. ADHD 청소년의 경우 알코올이나 흡연 그리고 마약류에 빠질 위험성이 높다.

ADHD의 원인

결론부터 말하자면 ADHD에 대한 정확한 원인은 밝혀지지 않았지만, 다양한 연구를 통해 잠정적인 원인을 제시하고 있다. 다음은 지금까지 주장하는 가장 흔한 가설들이다.

• 유전적인 요인: 가족연구와 일란성 쌍둥이 연구의 결과(유전적

인 영향 75% 추정; Barkley, 1998), 특정한 유전인자는 밝혀지지
않았고 수많은 유전자와 관련되어 있고, 이에 대한 개입은 아
직은 이르다.

• 환경적인 요인: 임신 중 흡연과 음주 및 스트레스, 납, 살충제
등의 노출로 인한 가능성이 제기되고 있다.

• 뇌손상: 조숙아, 뇌막염, 교통사고에 의한 외상 관련 뇌손상을
입을 경우 ADHD 증상을 보일 수 있다.

• 신경해부학적인 요인: 전전두엽(prefrontal lobes), 기저핵(basal
ganglia), 소뇌(cerebellum)의 구조와 기능의 차이가 있다고 보
고된다. 정상 아동들보다 ADHD 아동들은 평균적으로 상기
언급한 두뇌기관의 크기가 작고, 활성화의 수준이 낮다고 보
고된다.

• 신경전달물질의 불균형: 전두엽의 도파민이나 노르에피네프
린의 불균형으로 인해 ADHD 문제를 야기한다고 본다. 하지
만 전체적인 일반화는 무리가 있다.

• 식품첨가제(방부제 및 인공색소): 과잉행동의 증상을 유발할 수
있다(거의 확실한 사실로 밝혀짐).

• 환경오염: 대기오염이 상대적으로 덜 심한 지역과 도심지역과
의 유병률 비교에서 도심지역이 ADHD 유병률이 상대적으로
높다는 연구 결과를 볼 때 후천적으로 ADHD 증상의 발현 가
능성을 보여 주고 있다.

• 심리사회적 요인: 가정환경 및 불안정한 애착 등의 유아기 시
절의 외상 경험으로 인해 두뇌의 미발달이 초래되어 ADHD
증상을 보일 수 있다는 주장이다. 역기능적인 가정환경을 통

해 모와 불안정한 애착이나 방임이나 학대 경험을 통해 과잉
행동이나 부주의 증상을 보인다는 가설이다. 실제 정신과 의
사인 John Bowlby가 전쟁고아들을 대상으로 한 연구에서 불
안정한 애착을 보이는 아동들이 현재 ADHD 아동이 보이는
증상과 유사한 것을 보고했다. 실제 임신 중에 모의 스트레스
나 심리사회적인 어려움이 ADHD 증상의 발현과 높은 상관관
계를 보였다.

• 결론적으로 말해서 아직까지 정확한 장애의 원인은 밝혀지지
않았지만, 생물학적인 취약성과 환경적인 요인의 상호작용으
로 인해 ADHD 증상의 발현을 설명하고 있다.

ADHD 아동의 발달적 특성과 가족 특성

유아기

• 생후 3~4세에 주의력결핍 과잉행동의 특성이 뚜렷이 나타난
다. 대부분은 복합형 ADHD 유형을 보이며, 과잉행동–충동
성 우세형도 이 시기에 더 흔하게 나타난다. 부주의 우세형은
이 시기에 잘 드러나지 않고 학령기나 그 이후에 드러나는 경
우가 흔하다.

• ADHD 유아의 60~80%가 학령기로 이어지며 복합형이 그중
에 가장 많다. 하위 유형은 시간이 지나면서 서로 바뀌며 고정
된 게 아니다.

- 6세가 되면 ADHD 아동의 90%가 드러나게 된다. 하지만 주의해야 할 점은 발달 과정상 과잉행동이나 충동적인 행동이 나타날 수 있기 때문에 쉽게 ADHD로 속단해서는 안 된다. 행동이 문제가 되는 것은 같은 나이 또래에 비해 과도하게 심한 경우에 고려해 보아야 한다.
- 부정적인 기분을 보이며, 생각 없이 행동하고, 쉽게 지루해하고 일상의 반복적인 일에 부정적으로 반응하는 경향이 높다.

학령기

- 대부분의 아이들은 학령기에 들어서 진단을 받게 된다. 왜냐하면 수업시간 방해 행동과 학업수행의 어려움으로 인해 의뢰되어 확인되기 때문이다. 나이가 들면서 과잉행동–충동성은 점점 감소되는 경향을 보인다.
- 학령기 ADHD 아동의 70%가 적어도 한 개 이상의 동반장애를 가지고 있다. 가장 흔한 동반장애로 적대적 반항장애, 불안장애 그리고 학습장애이다.
- 과잉행동 증상은 학령기 전체에 걸쳐 점점 줄어들지만, 부주의 증상의 유병률은 점점 증가하기 시작한다.
- 또래들에 비해 사회성 기술이 부족하고 행동과 정서 조절의 어려움, 학업수행의 어려움으로 인해 부정적인 자기개념을 형성하고 또래들과 자신이 다르다는 부적절감을 느끼게 된다.
- 거짓말, 공격성을 특징으로 나타내고 독립성, 사회관계, 신뢰감, 책임감 등을 획득하는 데 어려움을 가진다. 아동의 공격성

으로 인해 또래들로부터 거부 당하는 경우가 자주 있다.

청소년기

- 학령기에 ADHD를 가진 아동 50~80%가 청소년기에도 지속적으로 문제를 유지한다. 부주의 특성보다는 과잉행동-충동성 특성을 나타냈던 아동이 청소년기에 지속적인 문제를 가질 확률이 크다.
- ADHD 청소년들에게 학업적인 문제는 더욱 심각해지고 만성적인 학습부진을 경험하게 된다.
- 또래관계 문제뿐만 아니라 교사와 어른들과의 관계에도 어려움을 경험할 소지가 높다. ADHD가 아닌 청소년들보다 정학과 퇴학률이 평균 이상으로 높다고 보고된다.
- 심각한 수준의 내재화 장애(우울이나 불안 등)뿐만 아니라 외현화 장애(적대적 반항장애, 품행장애) 그리고 약물남용의 문제를 흔히 보고한다.

가족 특성

- 가족구성원 간에 부정적인 상호작용을 경험하고, 부모통제의 경향이 짙으며 형제간에도 갈등이 심하다. ADHD 아동의 부모는 일반 아동의 부모들과 달리 독재적인(authoritarian) 양육방식을 사용하는데 이는 아동에 대한 친밀감이 낮으며 일방적으로 아동에게 명령을 하고 아동이 복종하기를 강요한다. 반면에

아동의 욕구에 대해서는 무시하거나 둔감하다는 의미이다.

• 어머니는 우울을, 아버지는 반사회적 행동을 나타낼 확률이 높은 것으로 조사되었다.

• ADHD 아동의 부모들은 양육에 자신감을 잃게 되고 스트레스를 받으며 부부갈등을 흔히 겪는다.

• ADHD 아동의 50~80%가 다른 장애를 동반하는데, 특히 이들의 약 35~60%가 적대적 반항장애를 동반하고, 30~50%가 품행장애를 동반한다고 한다.

ADHD 평가와 진단

ADHD는 신경발달장애로서 평가와 진단 시에 여러 가지 절차를 포함하는 포괄적인 방법이 필수적이다. 부모와의 면담을 통해서 모의 임신에서 아동의 출산 이후 발달과제에 대한 정보와 더불어 심리사회적인 정보도 수집하여야 한다. 예를 들어, 임신 중에 모의 심리상태, 흡연이나 음주 여부, 유독성 물질의 노출에 대한 정보 수집과 더불어 40주 이전 출산인지 이후 출산인지에 대한 정보도 수집할 필요가 있다. 또한 출산 후에 아동이 정상적인 발달에 맞게 제때 말하고 걷고 제때 대소변을 가렸는지에 대한 정보도 수집할 필요가 있다. 이와 더불어 심리사회적인 발달 정보로 부모와의 애착 관계 및 가정환경 그리고 유치원에서의 또래관계 그리고 학령기의 또래관계와 학업수행에 대한 정보 수집이 필요하다.

행동평가에는 아동을 직접 관찰하는 직접평가와 간접평가가 있
다. 나이 어린 학령전기 아동의 경우 주로 직접 상호작용을 평가하
는 경우가 많다. 하지만 학령기 아동의 경우 학교나 학원 교사에게
행동관찰 정보를 구하는 간접평가를 주로 한다. 물론 아동이 보고
하는 자기보고 평가의 경우도 있을 수 있다. ADHD는 다른 행동 및
정서장애와 공존하는 경우가 흔하기 때문에 감별진단(학습장애나
자폐스펙트럼장애, 전반적인 발달장애 등)을 위한 객관적인 표준화된
검사와 학업성취도 검사를 포함한 풀밧데리 심리검사와 신경심리
검사를 추가로 사용하는 게 바람직하다.

면담

- 부모를 통한 아동의 발달사 정보 수집: 임신 중의 아동의 모의
  상태와 만기 출산여부, 아동의 기질, 수면과 수유 행동, 과잉
  행동여부
- 부모와 자녀 간의 구체적인 상호작용 평가와 정보 수집
- 부모 및 가족에 관한 정보 수집: 부부관계나 현재 삶의 스트레
  스 여부, 자녀 양육이나 훈육 방식에 대한 정보, 부모 원가족의
  정보(학력, 직업, 정신과적 장애여부, 결혼상태, 자녀정보 등)
- 평가를 받는 아동도 면담을 통해 구체적인 어려움 탐색(가정,
  학교, 학원 등 기타)
- 교사면담(학습과 학업 관련 문제 및 또래와의 상호작용 정보/생활
  기록부 자료): 부모와의 면담과 더불어 보다 객관적인 아동의

문제를 이해하기 위해서 필히 교사 면담을 해야 한다. 아동을 오랫동안 알고 있는 교사와 현재 담임교사가 바람직하다.

• 학교상황질문지(School Situation Questionnaire: SSQ)와 가정상황질문지(Home Situation Questionnaire: HSQ): 국내에서는 아직 번안이 되어 있지 않지만(양수진, 2015), 부모나 교사 면담을 하기 전에 상황질문지를 먼저 작성하게 한 후에 면담에서 정보수집에 참고하면 된다.

직접관찰

• 학교에서는 아동이 보이는 사회적 상호작용, 자리를 뜨는 행동, 방해 행동 등을 관찰하는데 주로 나이가 어린 아동에게 해당된다.
• 가정에서는 부모와 자녀의 직접적인 상호작용의 관찰을 통해서 역기능적인 패턴을 파악한다. 부모의 비효과적이고 강압적인 훈육방식과 바람직하지 않은 행동을 무의식적으로 강화시키는 패턴을 파악한다.

평가척도

• **한국 ADHD 진단검사(K-ADHDDS)**: ADHD로 진단된 아동 및 청소년을 대상으로 국내 최초로 만들어진 전국 규모의 표준화

된 진단도구이다. 3개의 하위검사로 구성되어 있고, 총 36문 항으로 이루어져 있다. 치료와 교육의 효과를 알아보는 데 유 용하고 검사 실시 연령은 3~23세, 검사 시간은 5~10분 정도 소요된다. 피검자를 관찰할 기회가 있거나 잘 알고 있는 사람 은 누구나 쉽게 실시할 수 있다.

- 한국판 아동 행동 체크리스트(K-CBCL): 6~17세 아동을 대상 으로 한 12개의 증상 항목으로 행동문제와 관련된(총 118문항) 것으로 구성되어 있다. 12개의 하위척도 내용은 신체증상, 수 면문제, 부주의, 우울, 분노, 과민성, 조증, 불안, 정신증, 반복 된 생각과 행동, 물질사용, 자살사고 및 자살시도이다. ADHD 아동의 경우 외현화 행동문제와 주의문제를 더 보일 가능성이 높다.

- 한국어판 ADHD 평정척도(Korean ADHD Rating Scale: K-ARS): DSM-IV 진단기준을 토대로 아동의 부모나 교사가 평정하는 것으로 주의력 문제와 과잉행동, 충동성 등을 평가하는 18개 문항으로 구성되어 있다. 김영신 등(2002)이 표준화하여 국내 에서 사용되고 있다. 총점이 17점 이상인 경우 ADHD 진단에 대해 고려해 볼 수 있다.

- 코너스/웰스 청소년 자기보고(Conners/Wells Adolescent Self-Report Scale: CWASRS): 국내에서 번안되어 사용되고 있다. 총 27개 문항으로 구성되어 있으며 품행문제, 인지문제, 과잉행 동, ADHD 지표 4개의 소척도로 구성되어 있다.

- 코너스 교사용 평정척도(Conners Teacher Rating Scale: CTRS): 처음 Conners에 의해 개발된 것으로 39문항으로 구성되었으

나, 28문항으로 개정되어 행동문제, 과잉행동 등을 측정하는
데 유용하지만 우울, 불안 등의 문제를 측정하는 데는 유용하
지 않다. 국내에 아직 번안된 척도가 없다.

• **코너스 부모용 평정척도**(Conners Parent Rating Scale: CPRS):
아동·청소년의 ADHD 증상에 대해 부모가 보고하는 평정척
도로서 현재 미국에서 자주 사용되는 척도로 국내에는 번안되
어 사용되지 않는다.

기타 평가방법들

• 신경심리검사(지능검사, 종합주의력검사, 연속수행검사, 위스콘신
카드 분류검사, 스트룹 아동 색상−단어 검사, 스톱신호 과제 등)
• 학업성취도검사
• 발달 및 의학적 평가(병력과 발달상황, 건강검진)
• 학교 성적/행동발달상황

ADHD 문제에 대한 이론적 가설

행동억제 모델

ADHD 분야의 대가인 러셀 바클리(Russell Barkley) 박사는 신경
심리학의 연구 결과를 기반으로 하여 ADHD의 원인에 대한 통합
적인 모델을 제시하였다. 그는 ADHD의 근본적인 문제가 행동억
제의 결함에서 기인한다고 보았다. 이로 인해 실행기능에 영향을
주게 되어 최종적으로 운동통제와 언어의 유창성 및 목표행동 등
통합적 행동의 어려움을 낳게 된다고 전제하였다.

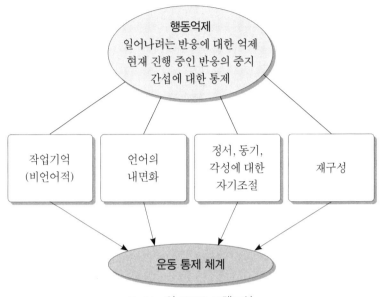

Barkley의 ADHD 모델도식

행동억제의 세 가지 측면

- 사건에 대한 초기 반응을 억제하고, 반응을 선택하며 어떻게 반응해야 할지를 돕는다.
- 현재 진행 중인 반응을 멈추고, 반응하는 것을 잠시 보류하는 행동을 하게 한다.
- 주변 자극의 방해를 차단하고, 현재 진행 중인 행동에 주의를 기울이고 자기지시적인 행동을 가능하게 한다.

실행기능의 네 가지 측면

실행기능(executive functioning: EF)을 흔히 오케스트라의 지휘자나 기업의 CEO, 즉 대표이사로 비유한다. 아름다운 오케스트라 음악을 연주하기 위해 지휘자는 다양한 악기들을 효과적으로 조율을 해야 한다. 그와 마찬가지로, 한 기업을 성공적으로 경영하기 위해서는 시장을 분석하고, 예측하고 그리고 최종 행동방향을 판단하고 결정하는 등 장·단기의 목표와 전략을 수립해야 한다. 인간의 두뇌에서 이러한 역할을 담당하는 곳이 바로 전전두엽이다(prefrontal lobe). 4가지의 실행기능의 구체적인 내용은 다음과 같다.

비언어적인 작업 기억(non-verbal working memory)

- 사건들을 마음으로 떠올리고 유지하면서 조작하는 능력이다. 과거의 회상이나 미래에 대한 전망/예측, 시간 개념(감각)과 시간 관리를 한다.
- 단기기억으로서 해야 할 과제나 일을 기억하고 실행을 하는 것으로 목표지향적인 행위를 돕는다.
- 과거 회상이나 미래에 대한 전망을 한다(과거, 현재, 미래의 이미지).
- 숫자 반복, 산수 계산은 전형적으로 비언어적인 작업 기억이 필요한 작업이다.
- 인지증진치료에 주목적이 되는 영역이다.

언어적인 작업 기억(verbal working memory)

- 마음속으로 사건을 기술하고 반추(반성)하는 능력을 말한다. 과거에 실수한 일에 대한 자기반성은 유사한 상황에서 과거의 교훈을 떠올려 반복적인 실수를 예방한다. ADHD를 가진 개인은 과거 기억을 인출하는 어려움으로 반복적인 실수를 하게 된다.

- 문제해결 능력이나 독해력 역시 언어적인 작업 기억의 한 부분으로 문제해결에서 문제에 대한 이해와 더불어 다양한 해결책을 내면에서 도출하고 각각의 대안을 스스로 반문하고 답하는 것은 중요하다. 이와 동일한 방식이 책을 읽을 때 내용에 대한 질문과 스스로 답하는 것을 통해 우리는 읽는 내용을 이해하게 된다.

- 내면화된 삶의 규칙과 가치관에 따라 사람들은 대부분 행동하게 된다. 이는 특정 상황에서 스스로에게 행동에 대한 자기대화를 통해서 결과를 예측하면서 규칙을 따르게 한다. 도덕적인 판단에 따른 행동도 같은 방식으로 작동하게 된다. 사회 관습이나 통용되는 사회적 조망에서 자신의 행동에 대한 옳고 그름에 대해 자기대화를 하게 된다.

- 상기의 자기대화를 통해서 자신의 생각을 다시 생각해 보는 능력을 갖게 되는데 이를 메타인지(metacognition)라 부른다. 쉽게 말해서, 자신의 생각에 대해 생각할 수 있는 능력을 가리킨다. 메타인지능력은 자신을 들여다보고 반성적 행동을 하기 위해 가장 필요한 능력 중에 하나이다.

감정/동기/각성의 자기조절

- 감정을 조절하기 위해서는 지금 느끼는 감정을 알아차리고 표현해야 한다. 정서지능의 핵심은 자신의 감정을 알아차리고 조절하고 타인의 감정을 알아차리고 공감하는 능력을 말한다.
- 자기 동기화는 인간의 기본적인 본성으로, 감정과 동기를 스스로 조절하는 능력을 가리킨다. 자기 동기부여를 하는 능력도 정서지능의 한 부분이다.
- 자기 동기는 외적 동기와 내적 동기로 나누어진다. 특히 내적 동기는 외적인 보상 없이 목표지향적인 행동을 하게 한다. ADHD 아동들은 내적 동기가 약하여 외적 동기인 보상이 필요하다.
- 객관적으로 사회적인 관점에서 보는 능력을 돕는다.

재구성(계획과 생산성)

- 행동에 대한 분석과 재구성의 능력을 가리킨다. 행동에 대해 자세히 뜯어 볼 수 있는 분석 능력과 다시 조합하는 능력을 돕는다.
- 사건에 대한 분석 및 결과를 예상하는 능력이 이에 해당된다.
- 인간의 내적 자기대화는 분석과 통합 과정의 한 부분이다.
- 언어의 유능성 역시 분석과 재구성에 해당된다.
- 목표를 이루기 위한 행동의 융통성과 논리적인 통합 능력이 이에 해당한다.

운동통제/언어의 유창성/구문통합

- 내적인 자기지시적 행동의 조절을 통해 불필요한 운동(움직임)을 줄이고, 목표지향적인 행동을 실행한다.
- 목표지향적인 행동이란 언어적, 비언어적인 내적 지시를 통해서 일어난다.
- 내적 대화, 목표지향적 행동, 실행 등은 연속적인 행동 양식을 만들어 낸다.

제2부

자기조절과 통제력

자기조절력

자기조절력이란 무엇인가?

자기조절력(self-regulation)이란 다른 말로 자기통제력과 유사한 말이다. 감정이나 행동을 스스로 조절할 수 있는 능력을 말한다. 충동적이고 흥분된 감정을 알아차리고 멈출 수 있는 제동능력이라 할 수 있다. 감정이란 영어 단어를 볼 것 같으면 E+motion이며, E(x) '밖으로'의 접두어와 motion=move '움직이다'라는 결합어로 밖으로 행동하게 하는 에너지라는 뜻이다. 흥이 나서 춤을 추게 하거나 폭발적인 분노로 인해 폭력적인 행동을 하게 한다. 우선 감정을 조절하는 게 행동조절의 선행요건인 것 같다. 하버드대학의 다니엘 골먼 교수의 정서지능(emotional intellligence)의 구성개념

가운데 하나가 감정조절이다. 정서지능의 다른 능력은 자신의 감정에 대한 인식과 표현, 자기 동기부여, 그리고 타인의 감정을 이해하고 공감하는 능력이다. 자기조절력이 있는 사람의 특징은 화가 나는 상황에서도 차분한 상태를 유지하고, 낙담하는 상황에서도 스스로 자신을 일으켜 세워 목표를 향해 나아가는 능력이 있다. 자기조절력은 자신에게나 대인관계에서 아주 중요한 능력이다.

자기조절력의 중요성

자기조절력의 중요성에 대한 대표적인 연구가 스탠퍼드대학 심리학과 월터 미셀 교수가 한 마시멜로 연구이다. 1970년에 5세 아동을 대상으로 연구자가 아동들에게 한 개의 마시멜로를 접시에 나눠 주면서, 연구자가 15분 뒤에 돌아왔을 때 먹지 않고 기다린 아이들에게는 하나를 더 주겠다는 약속을 한다. 연구 실험의 목표는 아이들의 만족도 지연(delayed gratification)에 대한 연구로 현재도 후속 연구를 하고 있다. 연구 실험자가 떠난 뒤 아이들의 반응은 다양하다. 연구자가 나가자마자 덥석 집어 먹는 아이, 잠시 동안 침을 삼키며 빤히 마시멜로를 쳐다보다가 마침내 집어 먹는 아이, 먹지 않으려고 귀를 막고 노래를 부르는 아이 등 다양한 행동을 보였다. 흥미로운 연구 결과는 먹지 않고 유혹을 견딘 아이들이 여러 가지 면에서 뛰어났다는 사실이다. 구체적으로 들여다보면, 대학입학 수능고사에서 먹은 아이와 먹지 않은 아이들의 평균점수가 200점 차이가 났다. 후속 연구에서 대학졸업률이나 비만척도 그리고 직업

적인 성공, 결혼 생활, 삶의 만족도 등에서 먹지 않고 참고 기다린
아이들이 그렇지 않은 아이들보다 월등히 뛰어났다는 결과를 보여
주었다. 원하는 목표를 이루기 위해서 참고 견디는 인내와 좌절감
은 필수 코스이다.

즉각적인 만족의 지연이 어려운 시대

물질적으로 더 풍족하고 핵가족 중심의 가족형태로 인해 부모들은 이전보다 자녀들에게 더 많은 관심을 주게 되었고 원하는 것은 거의 다 들어줄 만한 경제적인 여유가 생겼다. 이로 인해 대부분의 아동·청소년들은 물질적으로 부족함 없이 성장하게 되었고, 원하는 것은 거의 즉각적으로 얻을 수 있게 되었다. 이로 인해 아이들은 어릴 적부터 부모로부터 "안 돼" "기다려" 라는 말을 듣는 경우가 드물다. 대부분의 부모들이 자신의 미충족된 욕구로 인한 보상적인 행동으로 자녀가 요구하는 것이면 모두 다 들어주고자 하는 경우가 흔하다. 이시형 박사가 쓴 책 『아이의 자기조절력』에서 아동의 자기조절력이 3세 무렵에 기초 토대가 만들어지고 6세 무렵에 완성이 된다는 구절은 눈여겨 들어야 할 부분이다.

우리 두뇌의 사령탑인 전전두엽과 감정과 관련된 편도체를 포함하는 변연계를 연결하는 안와전두엽이 감정의 조절을 돕는 핵심 역할을 한다고 한다. 안와전두엽의 역할은 감정 조절의 브레이크 기능으로 3세까지 주 양육자의 양육태도가 주요한 영향을 미친다고 한다. 다시 말해, 양육자는 유아의 감정조절을 돕기 위해 특별한 노력이 필요하다는 얘기이다. 유아와의 안정된 애착도 유아의 감정조절에 중요한 역할을 하지만, 한편으로 유아가 하지 말아야 행동이나 고집 피우거나 떼쓰는 행동에 대해 적절한 제재를 가할 필요가 있다. 때로는 유아의 위험한 행동을 막기 위해 단호하게 "안 돼, 기다려!"와 같은 명령어를 통해서 절제하지 못하는 충동이나 행동에 제동을 거는 연습을 통하여 심리적인 근력을 키우도록 훈육할 필요가 있다.

유아기나 아동기 시절에 경험하는 적절한 좌절감은 차후 삶에서 경험하게 될 더 큰 좌절을 인내하게 하는 면역접종 같은 역할을 한다. 아동기에 겪는 적절한 수준의 욕구 좌절은 세상이 자신의 뜻대로 되지 않고, 자신이 세상에 맞추어 살아가야 한다는 교훈을 배우게 된다. 반대로 아동기 시절부터 원하는 것을 즉각적으로 충족하게 될 경우 참고 견디는 좌절감에 대한 내성, 즉 심리적인 근육을 키우는 데 방해가 된다. 이로 인해 자신의 기대나 욕구가 즉각적으로 충족되지 않을 경우에 쉽게 좌절하거나, 분노 폭발을 하게 되는 것은 자명한 사실이다. 아동이나 청소년 자녀가 원하는 모든 것을 무조건 들어주는 것은 브레이크 없는 엑셀레이터만 장착된 자동차와 같은 것이다. 오늘날의 문제는 물질의 결핍이 아니라, 과잉과 지나친 허용이다. 현재 문제행동을 보이는 아동이나 청소년들의 문제는 내면화된 자기절제의 결핍과 고통을 감내하는 인내력의 부족에 있다. 특히 ADHD 아동의 경우, 행동억제 능력의 결함으로 유아기 시절부터 효과적인 양육과 훈육기술에 대한 교육이 더 중요하다.

저자가 자주 사용하는 자동판매기 비유를 예로 들어 보자. 누구나 자신이 원하는 물건이 나올 거라 확신하면서 돈을 자판기 투입구에 넣는다. 실제로 돈을 잡아먹고 나오지 않는 경우는 극히 드물다. 이러한 강한 기대와 신념이 있기 때문에 예상과 다르게 원하는 물건(음료수, 커피, 과자 등)이 나오지 않을 때, 분노의 반응이 반사적으로 일어나게 된다. 이전의 경험이 그런 경우가 전혀 없었다면 좌절감에 심한 분노를 경험하게 된다. 심지어 자판기를 차거나 흔들 수도 있다. 다시 말해, 아무리 물질적인 여유가 있다고 하더라도 아동의 정서적인 발달과 타인과의 원만한 대인관계 발달을 위해 부모는 자녀가 어릴 때부터 하지 말아야 행동에 엄하게 꾸짖거나 처벌을 해야 한다. 물론 동시에 아동의 기본적인 욕구의 충족에도 민감해야 한다. 한편, 아동에게 지나친 좌절감을 주는 것은 분명히 나쁘다. 아동의 요구를 매번 거부하게 될 경우 아동은 학습된 무력감을 경험하게 되어 심한 좌절감을 갖게 된다. 그렇지 않을 경우 적절한 좌절감을 주는 것에 불편한 마음을 갖는다면 스스로 내면을 들여다보아야 한다. 십중팔구는 미해결된 부모의 상처로 인해 자녀에게 옳고 그름에 대한 일관된 행동을 유지하는 데 어려움이 있을 것이다.

자기조절력의 형성과 발달

ADHD 아동이 경험하는 가장 큰 어려움 가운데 하나가 과잉행동이나 분노조절이다. 선천적으로 또래들과 비교해서 행동이나 감정 조절의 어려움이 있기 때문에 부모의 양육과 훈육에 특별한 노력이 필요하다. 아동의 행동과 정서 조절력을 높이기 위해 부모가 해야 할 과제에 대해 알아본다.

건강한 애착 형성하기

어머니와의 안정애착을 형성한 아동은 일반적으로 또래와의 관계가 원만하고, 긍정적인 자기개념을 형성하고, 자신의 감정 이해와 보다 잘 발달된 사회적 문제해결 능력이 높다고 한다. 어머니와 의 안정된 애착을 형성한 아동은 자신의 부정적인 감정을 부모에 게 더 개방하는 행동을 보인다고 한다. 다시 말해, 감정을 억압하다 가 폭발하는 행동을 하기보다는 감정의 표현을 통해서 자신의 감 정을 다스리게 된다.

안정된 애착을 형성하도록 돕기 위해 주 양육자(어머니나 주요한 인물)는 아동의 욕구나 정서에 대해 민감하게 알아차리고 반응할 줄 하는 태도나 행동이 필요하다. 반응적인 행동과 반사적인 행동 의 차이를 알아야 한다. 아동은 아직 자아가 발달되지 못해 정서적 인 고통을 처리할 능력이 부족하기 때문에 부모의 공감적인 태도 나 반응에 의해 자신의 감정을 이해받고 조절하게 된다. 이를 통해 자신의 감정에 대한 확인과 이해 그리고 수용 받는 경험을 통해 아 동은 쉽게 감정을 조절하게 된다. 가정에서 수용과 이해를 받는 경 험을 통해서 또래들과의 관계에서도 자신의 감정을 인식하고 표현 하며, 동시에 수용 받을 거라 기대하게 된다. 반대로 감정의 반복 적인 거절과 무시는 감정을 억압하거나 극단적으로 폭발하게 만든 다. 유아기나 아동기에는 부모가 자녀의 감정을 알아차리고 반영 해 주는 과정을 통해 아동은 자신의 감정을 확인하게 되고 이는 감 정의 조절을 돕게 된다. 부모는 일종의 아동의 감정조절을 도와주 는 외부의 보조자아의 역할을 하게 된다.

ADHD 주요 증상인 감정조절의 어려움이 기질적인 성향에서 기 인할 뿐만 아니라, 최근에 제기되는 주장은 애착 외상으로 인해 감 정조절의 어려움이 발생할 수 있다는 것이다. 양육과정에서 자녀의 감정에 둔감하거나 과도한 처벌이나 방임 그리고 학대 경험으로 인해 교감신경계의 과도한 활성화가 조건화되어 감정조절의 어려움을 낳을 수 있다. ADHD로 인해 선천적으로 감정조절에 어려움이 있고, 후천적으로 양육과정에서 아동의 정서에 민감하게 반응하지 못하고 처벌이나 역기능적인 훈육방식은 ADHD 아동의 자기조절력의 문제를 더욱 악화시키게 된다. 부모와의 갈등 양상이 학교에서 문제행동으로 이어지게 될 가능성이 높아지게 된다.

아동의 자기조절력 발달을 위해 아동과의 건강한 애착형성이 중요한 아동의 발달 과제 가운데 하나이며, 동시에 아동 발달에 중요한 과제 중 하나가 독립심과 자율성의 발달이다. 만 4세(48개월) 무렵 유아는 자신의 주장과 반항하는 행동을 보이기 시작한다. 이는 자율성이나 독립성 발달의 중요한 단계이다. 하지만 부모는 아이의 무모한 고집이나 위험한 행동에 대해서는 단호한 제지가 필요하다. 이를 통해 유아는 행동을 조절하는 연습을 하게 된다. 행동에 대한 자기조절력을 돕는 가장 기본적인 방법이 규칙과 제재이다. 어린 시절부터 옳고 그른 것에 대한 부모의 일관된 훈육방식은 아동의 미숙하고 충동적인 행동에 제동을 거는 브레이크 역할을 하게 된다. 부모의 역할 가운데 가장 중요한 의무는 자녀에게 스스로 자신의 감정과 행동을 조절할 수 있는 능력을 개발해 주는 것이다. 한 문장으로 요약하자면 학령기 전의 유아에게 부모가 해야 할 의무(양육과 훈육)는 안정된 애착형성과 한계설정이다.

책임감을 높이고 자신의 감정과 행동에 대한 조절력을 높이게 하는 방법은 유아기부터 규칙과 제재를 통한 적절한 수준의 좌절감을 맞보게 하는 것이다. 자녀의 자존감을 살려 주기 위해 요구하는 모든 것을 다 들어주는 것은 오히려 자녀가 자라면서 겪게 되는 사소한 실패나 좌절에 대해 사전에 예방주사를 맞지 않아 쉽게 좌절하고 포기하게 된다. 요약하자면 부모는 자녀의 미성숙하고 충동적인 행동에 대해 스스로 조절하는 힘이 약하기 때문에 외부의 규칙과 제재를 가함으로써, 자녀가 따르는 연습을 통해 심리적인 제동 능력을 길러 주어야 한다. 부모가 일관된 규칙을 시행하고 따르게 함으로써 자녀는 서서히 스스로 자신의 행동을 제어하는 내적 브레이크가 발달하게 된다. 이를 흔히 내면화된 통제력(internalized sense of control/regulation)이라 부른다.

구조화된 환경 제공하기

ADHD 아동의 경우 특히 자기조절력이 부족하기 때문에 어린 시절부터 구조화된 환경을 제공하는 것은 두말할 필요 없이 중요하다. 구조화된 환경이란 흔히 아동이 무엇을 해야 하고 하지 말아야 할지 예측 가능한 환경을 말한다. 구체적인 예로 정해진 기상과 취침시간, TV 시청시간대, 규칙과 제재, 숙제시간과 놀이시간 등을 말한다. 아동은 본능적으로 예측 가능한 환경에서 편해진다. 계획성 없는 무한정의 시간은 성인에게도 불편한 마음을 준다. 구조화된 환경을 통해 아동은 보다 안전감을 경험한다. 구조화의 또 다른 목적은 규칙을 따르고 노력하는 과정에서 자기조절력의 심리적 근육을 키우게 하는 것이다. 규칙을 따르는 게 아이의 창조성을 죽일수 있다는 순진한 생각을 하지 말길 바란다. 규칙을 통해 아동은 선택의 자유가 이미 있다. 이를 어길 경우는 연령에 합당한 처벌을 가

하고, 따르려고 노력하고 수행할 때 적극적으로 칭찬과 보상이 필
요하다.

자녀가 따르기를 원하는 구조화된 일상의 활동을 기입하라

• 예시

〈오전〉

시간	내용
7:30~7:45	침대에서 일어나기
7:45~8:00	세수하기
8:00~8:15	옷 입기
8:15~8:30	아침 식사하기
8:30~9:00	학교 등교하기

〈오후〉

시간	내용
1:00~2:00	
2:00~3:00	
3:00~4:00	
4:00~5:00	
5:00~6:00	
6:00~6:30	저녁 식사하기
6:30~8:00	숙제하기
8:00~9:00	자유 시간
9:00~9:30	양치하기, 잠자리에 들기

분명한 규칙과 제재 세우기

ADHD 아동의 부모는 자신들이 중시하는 가치관에 기반을 두어 명시적인 규칙을 세우도록 해야 한다. 예를 들면, 가치관이란 정직, 성실, 신뢰, 인내, 근면 화목, 우애 등의 덕목으로 '싸움을 하지 마라' '거짓말을 하지 마라' '형제자매와 싸우지 마라' '부모를 공경하라' 등의 구체적인 행동규칙은 가치관을 구체적으로 표현한 것이다.

가정의 규칙

• 부모가 중시하는 가풍이나 가치관을 기술하세요.

1. _____

2. _____

3. _____

4. _____

5. _____

6. _____

7. _____

8. _____

9. _____

10. _____

• 가정에서 자녀가 지켜야 할 중요한 규칙을 기술하라.

1. _____

2. _____

3. _____

4. _____

5. _____

6. _____

7. _____

8. _____

9. _____

10. _____

규칙은 되도록 아동이 잘 볼 수 있는 곳에 붙여 두어야 한다. 문을 열고 들어올 때 바로 보이는 곳이 가장 좋다. 원색의 도화지에 규칙을 적어 두는 게 효과적이다.

부모의 일관된 행동 유지하기

일단 분명한 규칙과 제재가 세워지면 부모는 자녀와 타협 없이 일관되게 규칙대로 시행하는 것이 중요하다. 이는 아동에게 '만일 어떤 행동을 할 경우, 그것에 합당한 처벌이나 보상을 받을 것이다(if-then).'라는 메시지를 전달하게 된다. 이는 아동에게 논리적인 귀결을 가르치게 되어 행동에 대한 책임감을 높여 주게 된다. 규칙과 제재를 자녀와 함께 세웠다 하더라도 자녀들은 규칙을 어기게 되고 처벌을 피하려고 변명을 하거나 다양하게 꾀를 부릴 수 있다.

부모의 기분이 좋고 화기애애한 시간을 자녀와 보내고 있더라도, 아동이 정해진 규칙을 위반할 경우 부모는 한목소리로 어긴 행동의 결과에 대한 책임, 즉 제재를 시행해야 한다. 일관성이란 부모의 기분에 상관없이 위반한 규칙에 상응하는 합당한 제재를 시행하는 초지일관된 부모의 단호한 태도이다. 일관성을 유지하는 데 가장 큰 장애물은 자녀가 아니라, 부모 자신의 소신 부족과 미해결된 심리적인 원인이 대부분이다.

예를 들어, 아동에게 제재를 시행하는 데 있어 스스로 확신이 없을 수 있고, 아동이 처벌을 모면하기 위해 사용하는 여러 가지 전략에 휘말려 죄책감으로 포기를 하는 경우가 흔한 예다. 부모 자신이 현재 겪고 있는 스트레스나 미해결된 내면의 상처, 특히 유기불안 등으로 인해 바람직하지 않은 행동을 한 자녀를 처벌하는 데 실패하는 경우가 자주 있다. 규칙과 제재의 일관된 시행은 부모가 자녀들의 문제행동을 통제하기 위해 있는 게 아니라, 성숙하고 책임감 있는 자녀가 되도록 돕기 위함이다. 아동이 규칙과 제재를 통해 학습한 자기조절력은 궁극적으로 자존감 향상과 인내심 개발에 도움이 된다. 가정은 소사회이고 부모가 가정에서 기본적인 사회적 기술이나 자기절제력 그리고 좌절에 대한 인내력을 길러 주지 못하면 학교나 사회에서 실패하는 삶을 살게 된다는 것은 자명한 사실이다. 부모가 자녀에게 옳고 그름에 대한 분명한 메시지와 행동에 대한 절제력을 기르도록 도와주지 않으면 결국은 법을 통한 처벌이 기다리게 된다.

제3부

상담과 개입전략

가족상담

가족상담의 중요성

ADHD 아동이 있는 가정은 부부간의 갈등과 가족 전체 간의 갈등이 심해져서 문제가 점점 만성화되는 경향이 있다. ADHD 아동을 둔 부모는 아동을 어떻게 다루어야 할지 모르는 것에서 오는 답답함을 경험하게 되고 특히 부부간의 비난과 갈등으로 우울과 불안 그리고 무력감이 더욱 깊어지게 된다. 그렇기 때문에 상담사는 ADHD 아동 문제에 대한 해결책을 논의하는 것 못지않게 중요한 작업은 가족구성원 전체(부부, 형제자매) 간의 깊어진 갈등과 원망을 다루고 그리고 신뢰감을 회복할 수 있도록 돕는 것이다.

특히 어머니의 스트레스와 정서적인 고통은 아동의 욕구나 필요를 민감하게 알아차리고 반응하는 데 큰 장애적인 요소가 된다. 민감하고 반응적인 어머니의 태도와 행동은 아동의 감정조절과 긍정적인 자기개념 및 사회성 발달에 중요하다. ADHD 아동의 충동적이고 반항적인 행동으로 인해 어머니와의 만성적인 갈등을 초래하고, 이로 인해 어머니는 심한 스트레스와 우울감을 가지게 된다. 이로 인해 어머니는 아동의 감정이나 욕구에 둔감하게 되어 만성적인 악순환의 고리가 일어나게 된다. ADHD 아동의 문제는 또한 부부 간의 갈등으로 이어지고 일반 가정보다 ADHD 아동을 둔 가족 구성원들의 우울과 불안감이 높으며, 심지어 ADHD 아동을 둔 부부의 이혼율도 일반 부부보다 높다는 연구 결과가 있다.

아동의 ADHD 증상은 일부 아동의 경우 자라면서 사라지는 경우도 있지만, 진단받은 아동이나 청소년들의 대다수가 성인기까지 증상이 지속된다. 중요한 것은 부모의 양육방식에 따라서 증상이 호전되거나 악화되는 것을 막을 수가 있다. 특히 부모의 모멸적이고 처벌적이며 강압적인 방식, 모의 우울증 그리고 가정의 경제적 어려움이 ADHD 아동들의 문제를 더욱 악화시켜 적대적 반항장애를 발현시킬 가능성을 높이게 된다고 한다. 이는 아동 중심의 개입보다는 부모 자신의 삶의 스트레스와 정서적인 고통에 대한 개입의 필요성을 시사한다.

ADHD 아동에 대한 부모의 이해 부족이나 부부의 갈등은 ADHD 아동의 문제를 더욱 악화시켜 이차적으로 적대적 반항장애를 낳을 수 있다. 최근에 애착 외상을 경험한 아동들이 ADHD 증상을 보인다고 하는 연구가 있다. ADHD 아동의 부모 역시 ADHD 성향을 가지고 있어, 성장배경에서 자신의 부모와의 관계에서 불안정한 애착을 형성했을 소지가 높다. 이는 부부 사이의 갈등은 물론이고 자녀와의 갈등을 증폭시킨다. ADHD 아동 상담에서 부부상담과 가족상담은 필수적인 부분이다.

1. 부부가 서로 무엇을 비난하고 있는가?
2. 부부가 아동의 문제를 개선하기 위해 서로 협조하고 있는가?
3. 부부는 자녀에게 바람직한 방식으로 반응하고 있는가?
4. 부부는 ADHD 아동의 행동에 대해 충분하게 이해를 하고 있는가?
5. ADHD 아동의 형제자매와의 갈등은 무엇인가?

☑ 부부갈등의 요소 및 개인적인 스트레스 요인 파악하기

항목	내용	해결방법
부부갈등의 내용	미해결된 원가정의 상처 경제적 요소, 성격차이 양육과 훈육의 불일치	부부상담 문제해결 부모교육
남편의 개인적 스트레스	미해결된 원가정의 상처 실직, 가족에서 고립감 낮은 자존감	개인상담 가족상담 개인상담
아내의 개인적 스트레스	미해결된 원가정의 상처 우울과 불안, 양육/훈육의 어려움 낮은 자존감	개인상담 부모교육 개인상담
형제자매의 갈등과 불만	잦은 싸움과 언쟁	개인상담 문제해결 가족상담

부부의 셀프케어

　ADHD 아동을 둔 대다수의 부모가 자녀로 인해 심각한 양육 스트레스를 경험하고 있고 이로 인해 양육 효능감이 낮고, 양육과 관련된 역기능적인 신념이 높아지게 되어 우울감이 높아지게 된다. 우울감은 자녀의 행동에 대해 보다 더 부정적으로 인식하게 되어 보다 강압적인 양육행동이나 태도로 이어지게 된다. 이로 인해 자녀는 보다 반항적인 태도를 보일 소지가 높아지게 된다. 다시 말해, 부모교육과 더불어 반드시 부모의 정서적인 문제를 다루어야 할 것이다. 실제적인 연구 결과로서 어머니의 마음챙김 태도가 높을수록 어머니의 스트레스가 감소하고 동시에 자녀의 정서문제와 행동문제가 감소하는 것으로 나타났다. 자녀가 ADHD 진단을 받았을 경우 부모 자신도 이러한 어려움을 겪었거나 현재 겪고 있는지 들여다보아야 한다. 대다수의 ADHD 성인들은 자신의 어려움에 대한 이해를 가지고 있지 않으며, 반복적인 실패감으로 인해 낮은 자존감과 좌절감 등으로 인해 분노감과 우울, 불안감을 가지고 살 가능성이 높다. 일부 연구에서는 부모 자신이 ADHD를 가지고 있을 경우 그렇지 않은 부모보다 양육 스트레스가 심하고, 자녀에게 비일관된 반응과 분노폭발 등과 같은 역기능적인 행동을 할 소지가 높다고 보고한다. 아동뿐만 아니라 부모가 ADHD가 있을 경우 이에 대한 약물이나 심리상담 개입이 필요하다.

부부의 훈육에 대한 불일치와 엇박자

양육과 훈육에 대한 부부 각자의 잘못된 신념으로 인해 훈육과 양육에서 자주 갈등을 경험하게 된다. 부부의 합의된 규칙과 제재가 없을 경우, 자녀의 문제행동에 대해 각자 다르게 반응하게 되어 부부간의 갈등을 낳게 된다. 부부 훈육의 불일치로 인해 한 쪽 부모가 아동의 잘못된 행동을 처벌하고 다른 쪽 부모가 반대의 목소리를 낼 경우 아동은 후자 쪽 부모와 삼각관계를 만들어 부부갈등의 골을 깊어지게 하고 아동의 문제는 더욱 심각해진다. ADHD 아동의 건강한 발달을 위해 부부가 자녀의 행동에 대한 옳고 그른 기준에 대한 합의가 필요하고, 설사 이혼한 부부라도 자녀를 위해 협력적인 태도를 보여야 한다. 그리고 처벌을 할 경우 같은 목소리를 내야 하며, 특히 십대 청소년의 경우 부모가 나란히 앉아 자녀를 마주보고 훈계를 할 경우 더욱 효과적이다.

효과적인 훈육의 걸림돌

- 부모 간의 엇박자: 부부의 갈등으로 인해 아동의 문제행동에 대해 다르게 반응하고 대처하는 경우
- 부모의 지나친 죄책감
- 자녀 발달에 부합한 지식의 부족
- 부모 자신의 삶의 스트레스
- 부모 자신이 가진 미해결된 상처
- 부모의 낮은 자존감

- 부모의 신체질환/심리적 장애들
- 잘못된 양육 신념(예, 체벌)
- 부모교육 내용에 대한 불신
- 부모 자신의 본보기의 부재
- 부부 간의 갈등문제

부부 자신의 미해결된 욕구와 애착문제

아동과 어머니 사이의 애착유형은 어머니의 태도와 행동 그리고 성격에 달려 있다고 한다. ADHD의 유전적 성향을 고려해 볼 때 부모의 원가정에서 ADHD 성향으로 인해 이미 자신의 부모와 불안정한 애착을 형성했을 가능성이 높다. 다시 말해, 부모 자신이 원가정에서 부모와의 미해결된 욕구나 상처로 인해 현재 부부관계와 자녀와의 관계에서 부정적인 역동을 재현할 가능성이 높다.

부모 각자가 경험한 유년시절 자신의 부모와의 관계에서 미해결된 욕구나 상처로 인해 자녀들에게 투사를 하는 경우가 많다. 자녀의 미운 행동이나 태도가 어쩌면 바로 자신의 모습일 수도 있다. 아니면 자신과 정반대 모습에서 불편한 감정을 경험할 수도 있다. 부모 각자의 원가정에서 경험한 상충되거나 다른 경험으로 인해 부모는 자녀의 행동에 대해 서로 다른 태도나 신념을 가지고 있을 수 있다.

형제자매 갈등 해결하기

ADHD 자녀가 있을 경우 다른 형제자매들과의 갈등은 그렇지 않은 가정의 형제자매보다 심하다. ADHD 자녀는 늘 문젯거리를 만들어 내는 것같이 보일 수 있다. 실제로 싫증을 자주 내기 때문에 항상 자극적인 사건이나 활동을 선호하는 경향이 높다. 그렇기 때문에 가정에서도 ADHD 아동이 다른 형제자매들을 자극하는 경우가 흔하다. 이러한 이유로 ADHD 자녀는 제한된 공간보다는 다양한 놀이 도구나 시설이 있는 환경이 도움이 될 수 있다. 자신의 넘치는 에너지를 형제자매와의 갈등으로 풀지 않고 다른 활동으로 풀어내도록 도와주는 것이 중요하다. 만일 ADHD 아동으로 인해 다른 형제자매들이 충분한 관심을 갖지 못하는 경우, 부모는 다른 형제자매들과 개별적으로 시간을 가지는 게 효과적이다.

부모교육 제공하기

바람직한 훈육과 양육에 대한 교육은 ADHD 아동의 부모들에게는 더욱 중요하다. ADHD 아동은 또래의 아동과 달리 인지적인 발달이 늦을 수 있고, 과잉행동이나 충동적인 행동으로 인해 부모에게 비난과 처벌을 자주 경험하게 된다. 유치원에서 또래들과 어울리지 못하고 활동이나 지시에 따르지 못한다는 평가를 자주 듣게 된다. 이로 인해 ADHD에 대한 지식과 이해가 부족한 부모는 아동에게 야단을 치거나 교사와 갈등을 겪게 된다. 이러한 문제를 해결하기 위해 부모는 ADHD에 대한 올바른 인식이 필요하고 동시에 ADHD 아동에 대한 대변자가 될 필요가 있다. 교사나 부모는 ADHD 아동의 부정적인 행동에 대한 이해와 효과적인 대처방식에 대한 이해가 절대 필요하다. 부모는 교사와의 주기적인 연락을 통해 아동의 문제행동을 줄이기 위해 학교에서 바람직하지 않은 행동을 할 때 가정에서 이에 상응하는 제재를 가하는 게 중요하다. 자녀를 학대하는 부모를 대상으로 한 연구를 보면, 학대의 원인이 자녀를 어떻게 훈육하고, 양육해야 하는지에 대한 이해나 지식 부족이 가장 크다. 양육이나 훈육에 대한 교육을 받지 않을 경우, 부모들은 통상적으로 자신의 부모가 자신을 양육한 방식대로 자녀들의 행동에 대해 반응하게 된다.

아동의 발달과제 이해하기:
정서적 욕구 채워 주기와 한계 설정하기

한 개인의 심리적 건강의 토대는 주 양육자인 어머니와의 초기 경험에서 생겨난다. 아동의 기본적인 정서적 욕구는 관심, 돌봄, 사랑, 지지, 수용, 인정, 격려, 예측 가능한 환경을 통한 안전감이다. 아동·청소년의 기본적인 욕구는 부모로부터의 인정과 지지 그리고 수용과 관심이다. 특히 관심과 인정의 욕구는 심리적인 취약성에서 기인한다. 진화론적인 관점에서 볼 때 어린 새끼들은 부모의 관심과 돌봄을 받지 못할 경우 주변의 사자나 육식동물의 먹이가 될 수 있다. 그렇기 때문에 어린 시절 경험하는 아동 학대나 방치, 부모의 불화와 신체적인 폭력 등은 아동에게 죽음과 같은 공

포를 유발한다. 이러한 원리가 또래에서 집단 따돌림을 경험할 경
우, 아동ㆍ청소년들이 죽음의 충동을 경험하는 이유이다. 동물의
세계에서 어미의 방임과 무관심 그리고 무리에서의 방출은 곧 죽
음을 의미한다.

아동의 발달에서는 정서의 발달이 인지, 즉 사고의 발달 보다 훨
씬 앞선다. 실제 두뇌의 변연계에서 정서를 담당하는 편도체가 태
어나자마자 형성이 되고 인지나 기억을 담당하는 해마는 그 이후
에 발달하게 된다. 다시 말해, 유아가 말을 하기 전에 이미 감정을
경험하고 비언어적으로 표현한다. 이러한 유아의 정서적인 경험
에 대해 양육자가 효과적으로 반응하기 위해서는 양육자는 세심
하고 민감해야 한다. 양육자의 세심함(sensitivity)과 반응적인 행동
(response)은 아동의 건강한 애착발달의 필수이다. 양육자의 공감
적인 반응은 정서적인 안정감과 감정의 인식과 표현을 할 수 있는
정서지능의 토대가 된다.

ADHD는 기질적으로 부정적인 행동을 할 소지가 높아 주변 사
람들과 갈등을 야기하고, 부정적인 피드백을 자주 받게 되어 낮은
자존감을 형성하고 적대적 반항장애를 동반하는 경우가 잦다. 하
지만 기질은 또한 환경에 따라 변화 가능하기 때문에 주 양육자의
양육과 훈육방식에 따라 충분히 건강하고 적응적인 삶을 살도록
도울 수 있다.

아동의 기본적인 욕구	부모의 역할과제
돌봄 받기	1차적인 욕구 제공하기(의식주, 신체적인 접촉하기)
인정과 지지 받기	언어적, 비언어적 칭찬과 격려하기
수용 받기	노력에 대한 칭찬이나 격려하는 태도나 표정
감정 이해 받기	공감적 반영하기, 거울반영하기
자발성과 유희	애교나 어리광 허용하기
자율성과 유능감	선택의 자유 제공하기 · 확언하기
안전과 안정감	부부간의 갈등이나 불화 줄이기, 안정감 있는 부부

양육유형 교육하기

양육이나 훈육에 대한 부모교육을 듣지 않은 부모들은 자신의 부모가 양육하고 훈육한 방식대로 자신의 자녀들을 대하게 된다. 부모교육에서 중요한 주제 가운데 하나는 양육방식에 대한 설명이다. 발달심리학자인 다이애나 바움린드(Diana Baumlind) 박사가 세 가지 유형으로 구분하였으나 최근에 방임형 유형을 추가하여 흔히 네 가지 양육유형으로 나누고 있다.

• 독재적(authoritarian) 유형

아동의 욕구나 필요에 무관심하고 아동을 부모의 명령에 복종하는 대상으로만 보고 아동이 부모의 기준과 기대에 일방적으로 강요하는 스타일이다. 일방적인 명령과 순종을 요구하며 말대꾸를 못하게 한다. ADHD 아동의 부모들은 흔히 독재적인 양육방식을 사용하는 경우가 잦다고 한다. 아동의 반항적인 태도와 불순종으로 인해 다소 처벌적이고 억압적인 양육방식을 취하기가 쉽다.

• 허용적(permissive) 유형

아동이 원하는 것이면 모두 들어주는 게 바람직하다고 여기는 양육방식이다. 부모들이 저지르기 쉬운 양육유형으로, 부모 자신이 성장 배경에서 결핍된 경험이 많은 경우 심리적인 보상으로 자녀가 원하는 것을 다 들어주려는 행동을 보인다. 부모가 맞벌이하는 경우에도 자녀에 대한 과도한 죄책감으로 인해 아동이 요구하는 모든 것을 들어주려는 경우도 자주 보게 된다. 아동의 행동에 대한 제한을 두지 않고 마음대로 행동하도록 내버려 두게 되어 흔히 버릇없는 아동(spoiled child)을 낳게 하는 양육방식이다. 자녀들의 요구를 다 들어줄 수 있는 여건이라도 자녀들에게는 어릴 때부터 적절한 좌절 경험이 필요하다. 어릴 때는 부모가 제지하거나 원하는 것을 들어주지 않아 화를 내고 실망을 하더라도 쉽게 잊어버리고 스스로 포기하는 법을 체득하게 된다. 하지만 유년시절부터 허용적으로 키운 아동들은 청소년 시기에 이르러 자신이 원하는 것을 즉각적으로 얻지 못할 경우 분노가 폭발하게 된다. 어린 시절부터 감정을 제어하는 브레이크가 발달이 된 아동들은 좌절스런 경험에 견디는 좌절감의 내성도가 생겨 분노가 폭발하는 경우가 드물다.

• 방임적(neglectful) 유형

부모가 아동의 관심과 돌봄에 무관심하고, 그로 인해 아동이 스스로 알아서 성장하는 양육 유형이다. 부모의 갈등이 심하여 어머니가 우울이나 불안 기타 신체적인 문제를 갖게 되어 아동의 욕구나 필요에 둔감하게 되어, 아동이 스스로 책임감을 가지고 알아서 살아가게 된다. 기질이 강한 아동의 경우 방임적이고 폭력에 노출이 될 경우 또래들 관계에서 파괴적인 행동을 보일 수 있다. 기질이 유순한 아동의 경우는 또래들과의 관계형성을 어려워하고 고립되고 철수하는 행동을 보일 수 있다.

- 권위적(authoritative)/주권적 유형

'권위적' 혹은 '주권적' 양육방식으로 가장 바람직한 유형이다. 영어의 'authoritative'는 자녀에 대해 부모가 어른으로서 가져야 할 정당한 권리로 자녀의 행동에 처벌할 권리를 말한다.

작금의 한국은 부모가 부모로서 권위를 가지는 것이 마치 권위주의와 착각하여 권위를 가지고 훈육을 해야 할 상황에서도 자녀의 눈치를 보거나 심지어 겁을 먹는 경우도 있다. 시대가 바뀌어도 변치 말아야 하는 것은 자녀가 잘못된 행동을 했을 경우 엄하게 처벌을 할 수 있는 부모로서 권위를 가지는 것이다. 물론 부모의 권위 회복과 더불어 부모 자신도 자녀가 존경할 만한 행동을 해야 할 것이다.

권위적/주권적 양육방식의 특징은 다음과 같다.

- 자녀에게 적절한 자유를 제공하면서 분명한 규칙과 귀결을 시행한다.
- 자녀에게 성숙한 태도를 요구하며, 자녀들의 욕구나 필요에 민감하고 온정적이며 따뜻하다.
- 아이들이 자유롭게 탐색하도록 돕고 스스로 결정하도록 격려한다.

• 자녀들의 자존감을 높여 주는 이상적인 양육방식이다.

교사와 협력적 관계 유지하기

ADHD 아동을 둔 부모에게 교사와의 협력적인 관계를 맺고 유지하는 것이 아주 중요하다. 부모는 매 학기 초에 아동의 담임교사를 만나서 아동의 구체적인 어려움에 대한 설명과 효과적인 지도를 위해 교사에게 도움이 될 만한 정보를 제공하고 도움을 요청해야 한다. 부모와 교사의 소통과 신뢰관계를 형성하기 위해서는 ADHD 아동이 학교에서 문제행동을 했을 때, 학교와 가정에서 합의된 처벌을 시행하고 반대로 바람직한 행동을 했을 때 칭찬과 격려가 필요하다. 부모와 교사의 협력적인 관계형성의 중요성을 부모와 교사에게 필히 강조해야 한다.

바람직한 부모상 보여 주기

ADHD 자녀의 문제를 효과적으로 다루기 위한 부모교육이나 행동수정 기술의 습득도 중요하지만, 부모가 먼저 존경받는 행동과 모습을 보여야 한다. 부모가 자녀들 앞에서 특히 다른 사람들에 대해 지나치게 비난을 한다든가 혹은 세상에 대해 지나치게 부정적인 말이나 행동을 하게 되면 자녀에게 타인과 세상에 대한 반사회적인 태도나 행동을 부추기게 될 수 있다. 부모의 도덕적이고 윤리적인 행동은 아동에게 직접적인 본보기가 되어 또래나 미디어를 통해 노출되는 부정적인 영향에 보호적인 역할을 하게 된다.

주기적인 가족 모임 진행하기

ADHD 자녀가 없는 가정의 경우에도 그러하듯이 ADHD 자녀가 있는 가정은 일주일에 한 번씩 가족 모임을 통해 불만이나 요청사항에 대해 논의할 수 있다. 또한 ADHD 자녀의 행동에 대해 긍정적인 피드백이나 건설적인 피드백을 나눌 수 있다. 규칙과 제재를 시행하는 것 못지않게 중요한 것은 평소에 자녀와 지속적으로 관계를 만들어 가는 것이다. 자녀들과 일주일에 한 번 정도 자녀가 좋아하는 영화를 보거나 보드 게임이나 플레이스테이션 게임을 함께 하는 것도 좋은 방법이다.

Tip ADHD 아동 양육의 기본적인 원리

• 아동에게 보다 즉각적인 피드백을 주도록 하라.

ADHD 아동들은 쉽게 지루해하는 성향이 있기 때문에 가능한 즉각적인 피드백을 주는 게 효과적이다. 바람직한 행동을 할 때 즉각적으로 구체적인 행동을 언급하면서 격려하는 칭찬을 하거나 가벼운 신체 접촉을 통해서 잘하고 있다는 것을 알려 주는 게 중요하다. 반대로 바람직하지 않는 행동을 할 때도 즉각적인 피드백, 즉 경고나 심한 경우 처벌을 하는 게 바람직하다.

• 아동에게 보다 잦은 긍적적인 피드백을 제공하라.

행동수정에서 바람직한 행동을 강화시키거나 바람직하지 않은 행동을 감소시킬 때에는 피드백(칭찬이나 경고 혹은 처벌)을 즉각적으로 주는 것도 중요하지만, 바람직한 행동을 형성시키려하는 단계에서는 자주 바람직한 행동에 칭찬하고 언급하는 게 중요하다. 통상적으로 새로운 행동을 형성하도록 도우려면, 바람직한 행동이 나타날 때 즉각적으로 칭찬하고 그리고 바람직한 모습을 의도적으로 찾아내어 자주 칭찬하는 것이 부정적인 행동의 발생을 줄이고 바람직한 행동이 일어날 가능성을 높이게 된다.

• 예방적인 접근에 노력하라.

ADHD 아동의 경우 자신의 행동에 대한 자각이 부족하기 때문에 처벌보다는 예방적인 조치가 더 효과적이다. 내적 자기동기 부여가 약하기 때문에 바람직한 행동에 대해 외적인 칭찬이나 보상을 사용하는 게 아동의 바람직한 행동을 강화하는 데 보다 효과적이다. 특히 문제가 발생하기 이전에 바람직한 행동에 칭찬하고, 바람직하지 않은 행동에 사전 경고를 주라(1-2-3 매직 사용하기).

행동수정기술 적용하기

ADHD 자녀를 둔 부모나 학교의 교사가 필히 배워야 할 기술 중에 하나가 행동수정기술(behavior modification skills)이다. 행동수정이라는 말에 반감을 갖는 부모나 전문가들도 있을 수 있다. 행동수정은 아이의 인격을 수정하는 게 아니라, 아이의 바람직하지 않은 행동을 보다 바람직한 행동을 하도록 돕는 기술이다. 행동수정기술의 원리를 모를 경우 부모는 부지불식간에 자신의 반사적인 행동이 자녀의 문제를 더욱 강화시키고 있다는 사실을 인식하지 못하게 된다. 대부분의 아동의 바람직하지 않은 행동은 어느 시점에서 발생하여 부모나 주변 사람들의 반응을 통해서 강화가 된다. 대표적인 예가 잔소리나 관심이다. ADHD 자녀의 부정적인 행동을 줄이고 바람직한 행동을 강화시키기 위해서는 행동수정기술의 기본 원리를 알아둘 필요가 있다.

행동수정기술: A-B-C 분석

행동수정이나 심리치료에서 문제행동을 분석하기 위해 자주 사용하는 평가방법을 기능적 행동분석(Functional Behavior Assessment: FBA)이라 부른다. 미국의 학교 장면에서는 학교심리학자들이 아동의 문제행동에 대한 원인이나 기능을 분석하고 이를 바탕으로 개입전략을 세우게 된다. 문제행동이 발생하기 전에 상황이나 사건을 파악하여 문제행동의 발생을 높일 수 있는 요인들을 제거하는 예방조치의 수립과 문제행동 발생 후에 일어나는 결과를 통해 처벌이 되었는지 혹은 보상이 되었는지를 파악하는 일련의 문제행동의 기능에 대한 평가이다.

☑ 문제행동의 예

선행사건/상황	문제행동	결과
취침시간	인터넷 게임하기	반복적인 잔소리나 소리 지르기
수학시간	옆 친구와 장난치기	타임아웃이나 훈계하기

규칙과 제재 명시하기

위의 문제행동의 첫 예시에서처럼 부모는 왜 반복적인 잔소리나 소리를 지르게 되는가? 첫째는 분명하고 명시된 규칙과 제재가 없는 경우이다. 둘째는 규칙은 있지만 제재를 시행하지 않는 경우이다. 분명한 규칙과 처벌을 일관되게 사용할 경우 부모의 반복적인 잔소리는 줄어들게 된다. 반복적인 잔소리를 할 경우 아동은 더욱 반항적인 태도를 보이고 부모는 더욱 강압적인 행동을 취하게 되므로 문제는 더욱 악화되어 결국 부모가 무력감에 빠지게 된다. 분명한 규칙과 제재를 명시하고 시행하는 것은 부모의 권위를 내세우기 위한 것이 아니다. ADHD 아동에게 규칙을 따르게 함으로써 아동의 내면에 자기조절력을 높여 주기 위함이다.

규칙과 제재 시행의 어려움

규칙과 제재라는 말에 많은 부모들이 거부감을 가질지도 모른다. 일단 본인들이 성장하면서 부모에게 일방적이고 강압적인 명령이나 요구를 경험한 분들은 당연히 그렇게 느낄 것이다. 결론적으로 말하자면 분명한 규칙과 제재를 세우는 것은 자녀의 자기조절력과 자존감 그리고 책임감을 높이기 위한 목적이라는 사실이다. 또한 규칙과 제재의 확립은 자녀들에게 부모의 기대나 가치관을 분명하게 전달하여 자녀들이 부모가 기대하는 것과 금하는 것을 알려 주는 나침반과 같은 것이다. 분명한 규칙과 제재가 없을 경우 부모들은 매 상황에서 설명과 설득 그리고 비난이나 하소연 등을 하게 되어 자녀와 말다툼으로 이어지거나, 심지어 신체적 그리고 언어적 폭력으로 이어지게 된다.

> ※ 자녀의 잘못된 행동에 대해 제재를 가할 때 명심해야 할 두 가지 사항은 다음과 같다.
> 첫째: "길게 잔소리 하지 마라!"
> 둘째: "감정적으로 반응하지 마라!"

분명한 규칙과 제재가 확립되고 일관되게 시행할 경우 부모와 자녀 사이에 반복되는 잔소리는 줄어들게 된다. 이를 일관되게 시행하는 부모들의 반응은 잔소리를 더 이상 하지 않게 되어 마음이 편하다고 하고, 반면에 자녀들 역시 부모에게 반복적인 잔소리와 마음에 상처를 주는 말을 듣지 않아 좋다고 한다. 나이에 따라 다르지만 자녀가 규칙에 순응하는 행동을 기대하려면 적어도 초등학생의 경우 3개월, 중학생의 경우 4개월은 부모가 규칙을 강요하고 제재를 일관되게 시행해야 한다. 부모와 함께 규칙을 합의하여 세웠다 하더라도, 규칙을 시행하려 하면 막상 자녀들은 규칙에 따르지 않고 반항적인 태도를 보일 수 있다. 이는 흔히 일어나는 일이며 마음 여린 부모들은 자녀의 위협과 비난 그리고 죄책감을 주는 반항적인 말과 행동에 규칙과 제재에 대한 회의를 가지고 포기하는 경우가 있다. 부모가 규칙과 재제의 시행을 포기했다가 차후에 다시 규칙과 제재를 시행하려 할 경우, 자녀는 처음보다 훨씬 더 강한 저항과 반항적 행동을 보이게 된다. 자녀의 반항적인 행동으로 부모가 첫 시도에서 포기했기 때문에 자녀의 행동이 정적강화가 되었기 때문이다.

처벌을 시행하는 경우 주의사항

• 부부가 같은 생각이나 태도를 취해야 한다.

　흔히 잘못 알고 있는 것으로 부모 중에 한 사람은 처벌을 하고 다른 한 쪽은 달래고 아이를 위로해야 한다고 하는 사고이다. 전적으로 잘못된 생각이다. 자녀의 잘못된 행동에 대해서 부모는 절대 같은 목소리와 태도를 보여야 한다. 흔히 부부 사이가 좋지 않을 때 한쪽은 야단을 치지만, 다른 쪽은 아이를 달래는 경우가 흔하다. 이런 경우, 자녀는 행동을 반성하기보다는 야단치는 한 쪽 부모를 원망하고 다른 쪽 부모와 삼각관계를 형성하게 되어 부모의 갈등을 심화하고 아이는 문제행동을 모면하게 된다. 우선, 부부가 규칙에 대한 합의를 하기 전에 각자가 생각하는 자녀를 위한 규칙을 기술하고 왜 중요한지를 논의하는 것이 필요하다.

• 부부 각자가 생각하는 자녀를 위한 규칙을 기술하기

1. _____
2. _____
3. _____
4. _____
5. _____
6. _____
7. _____
8. _____

부부 각자가 적은 규칙에 대해 왜 중요한지를 논의하고 그리고 그중에서 가장 시급하고 중요한 규칙 세 가지를 합의하라. 초등학교 고학년의 경우 규칙과 제재를 정할 때 참여시키는 것이 바람직하다. 특히 취침시간이나 TV 시청 시간 그리고 게임하는 시간 등은 자녀와의 타협이 필요하다. 부모가 기대하는 시간과 자녀가 기대하는 시간이 서로 다를 때 중간지점을 찾아 타협을 하는 게 효과적이다.

1. _____
2. _____
3. _____

그러고 나서 세 가지 규칙을 어길 경우 이에 합당한 어떤 제재를 가할지에 대해 합의한다.

1. _____
2. _____
3. _____

- 다루기가 힘든 아동의 경우 부부가 자녀와 마주보고 훈계를 하라.

초등학교 고학년이나 십대 자녀에게 훈계하거나 처벌을 할 경우 부부는 가급적이면 나란히 앉아 자녀를 두 사람 앞에 두고 훈계를 하는 게 효과적이다. 아버지들이 직장일로 양육과 훈육에 다소 뒷전으로 물러나 있는 경우가 흔하지만, 효과적인 양육과 훈육을 위해 부부가 함께 동등하게 참여해야 한다. 어머니가 혼자 감당할 경

우 쉽게 소진되거나 스트레스를 받아 자녀의 훈육에 역기능적인
경우들을 자주 보게 된다. 예를 들어, 자녀의 문제행동을 교정하는
데 한계를 느껴 자녀에게 소리를 지르거나 자녀에게 하지 말아야
할 모멸감을 주는 말을 하는 경우를 자주 보게 된다. 어머니와 자녀
의 갈등에 대해 방관하고 있던 아버지가 어머니를 비난하게 되고
이를 본 자녀가 아버지의 태도와 말을 내면화시켜 어머니의 권위
를 무시하게 된다. 이러한 이유로 어머니의 권위를 살려 주기 위해
특히 남자 아이를 둔 부모는 자녀를 처벌할 경우 필히 아버지와 어
머니가 나란히 앉아 자녀를 앞에 두고 훈계를 하는 게 필요하다.

• **자녀의 불만에 대해 공감은 하되 타협하지 마라.**
　당연히 자녀의 감정에 대해서는 공감적인 반영을 해야 하지만,
자녀의 잘못된 행동은 단호하게 처벌하거나 잘못되었다는 사실을
언급해야 한다. 심지어 부모와 함께 규칙과 제재를 세웠다 하더라
도 자녀들은 규칙을 어기고 난 후에 부모가 실제로 규칙과 제재를
시행하는지에 대해 무의식적으로 시험한다. 문제행동에 대해 규칙
과 제재를 세우고 시행을 하게 되면 통상적으로 자녀의 문제행동
의 강도가 더 높아지게 된다. 무의식적으로 규칙을 무너뜨리려고
반항적인 행동을 보일 수 있다. 이에 굴복하지 않고 적어도 3개월
동안 부모가 세운 규칙과 제재를 일관되게 시행해야 자녀의 문제
행동이 서서히 사라지게 된다.

• **단호한 자세로 감정을 빼고 짧고 간단하게 말하라.**
　훈육에서 두 가지 하지 말아야 행동 가운데 하나가 길게 잔소리

하는 것이고 또 다른 하나는 감정적으로 반응하는 것이다. 부모의
입장에서 화가 나고 속이 터질 것 같아 잔소리를 하는 게 자연스러
운 반응이지만 역효과를 낳게 된다. 또 일부 어머니들의 경우 애걸
복걸하며 우는 목소리로 애를 나무라면서 자녀 때문에 정말 힘들
어 못살겠다고 하거나 자신의 삶을 한탄하는 경우도 있다. 지나치
게 길게 잔소리를 하거나 자녀에게 매달리며 하소연하는 태도는
부모로서 권위를 스스로 버리는 행동이다.

효과적인 훈육 방법들

자녀를 훈육할 때 사용할 수 있는 방법으로 여러 가지가 있다. 우
선 대화로써 풀어 가는 방식, 부모의 실망감 보여 주기, 논리적 귀
결, 자연적 귀결, 처벌(타임아웃, 특권박탈) 등이 있다.

• 대화로 풀어 가기

자녀의 행동이 처벌할 정도가 아니라면 부모는 자녀에게 단호하
고 직접적인 방법으로 훈계할 수 있다. 말로써 훈계를 할 경우 부모
는 일단 감정을 자제하고 아동의 눈을 보면서 차분하고 단호한 어
조로 자녀의 행동에 대해 언급해야 한다. 가급적이면 짧고 명료한
게 효과적이다. 말의 내용보다도 전하는 방식이 상당히 중요한다.
의사소통은 비언어적인 태도나 표정이 55%를 차지하고, 말의 어
조가 38%, 그리고 실제 말의 내용은 7%라고 한다. 이처럼 비언어
적인 부분(93%)을 통해서 우리는 타인과 소통한다. 다시 말해, 훈
육 시에 말의 내용보다 부모의 얼굴 표정이나 목소리 등의 비언어

적인 메시지에 더 신경을 써야 한다는 뜻이다. 부모의 훈육 내용이 옳다고 하더라도 부모의 부정적인 태도나 표정 혹은 어조가 자칫 자녀에게 역기능적인 결과를 낳을 수 있다는 의미이다. 같은 말이지만 소리치며 자녀에게 수치감이나 위협감을 주는 것은 효과적인 방법이라 할 수 없다. 자칫 반발심을 야기하거나 무의식적으로 싸움을 요청하는 것으로 받아들일 수 있다.

☑ 바람직하지 않은 훈계의 여러 유형과 특징

훈계 유형	설명
"너 한번만 더 거짓말하면 아빠한테 맞는다!" (협박형)	자녀에게 경고만 하고 바람직하지 않는 결과에 대한 제재가 없을 시에 문제 행동이 계속해서 일어나는 게 일반적이다.
"엄마가 몇 번 말했니? 좀 동생 놀리지 말랬지? 왜 한번 얘기하면 말을 안 들어, 제발 "너 때문에 넘 힘들어 죽어 버리고 싶어." (애걸복걸형)	어머니들이 자주 쓰는 유형으로 자녀에게 자신이 얼마나 힘든지를 이해시키려고 애쓰며 우는 목소리로 애걸하는 유형이다. 이런 경우 자녀들은 더욱더 기고만장해진다. 무의식적으로 자녀가 부모를 좌지우지하게 만든다.
"동생을 때리지 않았으면 좋겠어." (청유형)	부드럽게 설명하려는 유형으로 자녀에게 충분히 설명하고 타이르면 자녀는 부정적인 행동을 중단하고 바람직한 행동을 스스로 할 거라 믿는 유형이다.
"똑바로 행동하지 못해." (애매모호형)	자녀에게 막연하게 명령하고 지시하는 경우로 자녀가 부모의 분명한 기대가 무엇인지 모르기 때문에 마음에 분노만 가지게 된다.
"누굴 닮아 병신처럼 하나도 똑 바로 하는 게 없어." (인신공격형)	부모에게 인신공격을 당하고 모멸감을 반복적으로 경험할 경우 내면에 부모에 대한 적개심과 분노를 담아 두게 된다. 청소년이 되면서 이런 자녀들은 지금까지의 참아 둔 분노를 부모에게 표출하고 반항적인 태도와 행동을 보인다.

• 자연적 귀결

아동이 자신이 선택한 행동의 결과를 직접 체험하게 하는 방식이다. 저자의 경우 딸이 어릴 때 차가운 날씨에도 옷을 입지 않으려하고 아내와 실랑이를 벌여서 아이를 그냥 데리고 나가 보았다. 아이는 당장 춥다며 옷을 입겠다고 한다. 통상적으로 부모는 자녀에 대한 걱정과 염려로 인해 아동이 실제 경험해 보기도 전에 해결하려고 한다. 또 다른 예로 ADHD 아동의 어머니들이 자주 하는 불평으로 아이가 아침에 제때에 일어나지 않고, 등교해야 할 시간에 미적거리며 늑장을 부리는 일이 잦다고 한다. 이로 인해서 어머니가 자주 자녀를 야단치고 잔소리를 하는 게 빈번하다고 한다. 이런 경우에 부모는 자녀가 자신의 행동에 책임지도록 깨우지 않고 내버려두어 보는 것이다.

• 논리적 귀결

'만일 ~하면, ~한 결과를 가지게 될 것이다.'라는 If-then의 논리라 부른다. 예를 들어, "도심의 도로에서 80km 속도로 자동차를 주행한다면, 속도위반 딱지를 받게 될 것이다."와 같다. ADHD가 있는 아동이나 심지어 성인들도 자신의 행동에 대한 결과를 예측하는 데 어려움을 경험한다. 그러므로 ADHD를 둔 가정의 부모는 자녀가 특히 어릴 때부터 어떤 행동을 하게 될 경우 차후에 발생하는 결과들에 대해 미리 생각해 보게 하는 연습을 자주 시키는 게 중요하다. 행동수정기술의 대부분은 이러한 논리적 귀결의 원리에 바탕을 두고 있다. 대표적인 예가 규칙과 제재이다. 부모나 교사가 기대하는 분명한 규칙을 자녀가 어기게 될 경우 거기에 합당한 부정적인 결과를 경험하게 하는 것이다. 논리적 귀결의 원리는 자녀에게 선택의 자유와 자신의 행동에 책임감을 요구하는 개인의 성장 발달에 아주 중요한 부분이다. 특히나 충동적인 ADHD 자녀들에게는 일찍부터 자연적 귀결을 통한 체험적 경험과 논리적 귀결을 바탕으로 한 규칙에 따르는 자기절제와 조절력이 아주 중요하다.

• 처벌의 유형

논리적 귀결을 기반으로 한 규칙과 제제를 통해 자녀가 규칙을 위반할 경우 부모나 교사는 여러 가지의 처벌을 시행할 수 있다. 자주 사용하는 방법들로 타임아웃, 특권박탈, 활동 제한하기 등이 있다.

－타임아웃

타임아웃의 정확한 의미는 긍정적인 강화상황에서 아동을 분리시키는 처벌이다(time-out from positive reinforcement). 주어진 상황에서 벗어나고자 하거나 역기능적인 가정 분위기에서 부모가 화가 나서 아동을 타임아웃시키는 것은 바람직하지 않다. 통상 아동의 나이에 맞게 처벌 시간을 부여하지만 처벌이 될 만큼 시간을 주는 게 중요하다. 예를 들어, 8세 아동이면 5분도 타임아웃의 시간으로 충분할 수 있다. 타임아웃의 핵심은 행동에 대한 분명한 경고가 되어야 하고 타임아웃 자체가 처벌이 아닌 아동이 원하는 것이 될 경우 다른 대안적인 방법을 찾아야 한다.

특히 교실 장면에서 아동이 수업에 대한 이해가 부족하거나 과제가 어려워 상황에서 벗어나고자 수업에 방해되는 행동을 하는 경우가 있다. 이러한 경우에 타임아웃은 도움이 되지 않는다. 타임아웃 사용에 가장 큰 어려움은 부모 자신의 확신의 결여와 아이가 저항할 때 일어나는 심리적인 불편함이다. 아동이 타임아웃을 따르지 않을 경우 아동의 안전을 고려하면서 강압적으로 타임아웃 장소로 데리고 가야 한다. 주의할 점은 타임아웃이 끝나고 아동을 안아 줘서는 안 된다. 타임아웃이 아동에게 상처가 될까 하는 염려에서 그런지 가끔 안아 주는 부모를 보게 된다. 자칫 부모의 관심으로 인해 부지불식간에 그런 행동을 강화시키게 된다.

실제 타임아웃이 끝나고 나와도 좋다고 해도 나오지 않고 버티는 경우를 보게 된다. 이런 경우 부모가 안달하여 다가가서 나오라 해서는 안 된다. 그냥 타임아웃이 끝났고 나와도 좋다고 하고 부모는 하던 일을 하면 된다. 부모가 하던 일을 계속할 경우 아동의 반응은 거의 비슷한 모습을 보이게 된다. 타임아웃을 한 부모에게 다가와 눈치를 보면서 부모가 여전히 화가 났는지를 파악하려고 애쓴다. 부모는 그냥 하던 일을 하면 된다. 그리고 나서 아동이 바람직한 행동을 하는 모습을 의도적으로 찾아 칭찬하면 된다. 평소에 부모에게 학대나 처벌, 방임을 경험하지 않은 아동의 경우 타임아웃을 받아 자존감에 상처를 받지 않는다. 아이가 잘못한 행동에 대해 부모가 인정하지 않는다는 단호한 자세가 중요하다. 아동에게 있어 부모의 무관심만큼 큰 처벌은 없다. 물론 평소에도 자녀에게 늘 무관심한 부모에게는 타임아웃 후에 무관심은 더 큰 상처를 줄 수 있다.

↳ 타임아웃 당할 만한 행동의 예

- 의도적으로 물건을 부수는 경우
- 물건을 집어 던지는 경우
- 심한 욕설을 하는 경우
- 동생을 때리는 경우
- 바람직하지 않은 행동을 중단하라는 명령을 무시하는 경우
- 부모에게 무례하게 폭력적인 행동을 보이는 경우
- 두 차례 경고를 듣고도 순종하지 않는 경우(예. 1-2-3 매직기술)

-특권박탈하기

특권박탈하기(loss of privileges)는 아동의 바람직하지 않은 행동에 대한 처벌로 아동이 좋아하는 것을 제한하거나 금지하는 것이다. 반응대가(response cost)라는 용어로도 사용된다. 전형적인 예로 TV 시청이나 컴퓨터 사용, 전자게임 그리고 스마트폰 사용을 금지시키거나 빼앗는 것이다. 추가적으로 용돈을 주지 않거나 또 다른 방법으로 취침시간을 앞당겨 평소보다 자유 시간을 줄이는 경우도 있다. 상담현장에서 저자가 특권박탈을 설명하면서 다소 문화적인 차이를 경험하게 된다. 서구의 경우 자녀가 말을 듣지 않은 경우 "내 지붕 아래 살려면 내 말을 들어라."라는 말을 흔히 한다. 다시 말해, 그렇지 않다면 집에서 나가라는 말이다. 유교적 문화의 아시아인들에게는 상당히 매정하게 들릴 수 있다. 서구인의 관점에서 자녀가 누리는 모든 혜택은 부모가 특별히 자녀에게 준 선물과도 같다. 따라서 자녀가 바람직하지 않은 행동을 할 경우 처벌로써 회수를 하겠다는 말이다. 반면, 한국의 부모들의 경우 아이들에

게 해 주어야 하는 당연한 의무라 여기는 경우를 보게 된다. 이러한
이유로 자녀가 문제행동을 보이는 경우에도 자녀가 평소에 누리는
스마트폰을 압수하거나 용돈을 끊는 경우는 아주 드물다. 대부분
의 가정에서 자녀들에게 강화물은 이미 포화 상태이다. 다시 말해
서 아동의 동기를 높이기 위해 사용할 매력적인 당근은 더 이상 존
재하지 않는다. 그렇다면 남은 건 특권박탈이거나 아동이 스스로
자기 동기부여해서 바람직한 행동을 하는 것이다.

• 외출 금지하기

일명 영어로 그라운딩(grounding)이라 부른다. 밖에 친구들과 놀
지 못하게 집안에 머물게 하는 처벌이다. 주의할 점은 지나치게 너
무 길게 하기보다는 1~2주일 정도가 적당하다. 한편, 아동의 외출
금지 기간을 줄여 주기 위한 방법도 제시할 수 있다. 예를 들면, 쓰
레기를 분리수거하거나 집안 청소 등을 통해서 외출 금지 기간을
감면해 줄 수 있다.

• 1-2-3 매직: 3~12세 아동을 위한 효과적인 훈육기술 사용하기

아주 효과적이고 사용하기 쉬운 1-2-3 매직 훈육기술은 미국의
임상심리학자 Thomas Phelan 박사가 3~13세 아동의 문제행동을
다루기 위해 개발한 훈육 방법이다. 아주 단순하고 쉽게 사용할 수
있는 기술로 본 저자가 자녀들을 키우면서 자주 사용하는 기술이
다. 타임아웃과 달리 한두 번 경고를 준 후에 마지막에 타임아웃을
시키는 기술로서, 아이와 논쟁을 하거나 소리지르지 않고 아동에
게 선택권을 주는 민주적인 방식이다. 특히 ADHD 아동의 경우 하

던 행동을 중단하는 데 어려움이 있고, 갑자기 하던 일을 멈추게 하면 짜증과 분노를 보이는 경우가 흔하다. 그렇기 때문에 스스로 마음의 준비를 하도록 먼저 사전 경고를 주는 게 효과적이다.

예를 들어, 숙제해야 할 시간인데 여전히 게임을 하고 있을 경우, 숙제해야 할 시간이라는 것을 상기시킨 후에 5초 정도의 시간을 준다. 여전히 게임을 하거나 실랑이를 벌이려 할 경우, 그냥 사무적이며 단호한 목소리로 "하나" 하고 경고를 준다. 그리고 또 5초를 기다리면서 지켜본다. 여전히 게임을 하고 있다면 "둘" 하고 이차 경고를 알린다. 그리고 다시 5초를 기다린다. 그래도 여전히 게임을 할 경우 타임아웃을 시킨다. 5초라는 시간 속에 중요한 철학이 숨어 있다. 그 순간에도 선택의 자유를 제시하고 있다. 부모의 명령에 순종하고 처벌을 피할 것인지 아니면 명령을 따르지 않고 처벌받는 것을 선택할 것인지 분명하게 아동에게 선택의 자유를 제시하고 있다. 이를 통해 아동은 선택과 그에 따른 책임을 배우는 연습을 해야 한다.

타임아웃을 거부하는 아동은 강제로 타임아웃 장소로 데리고 가야 한다. 반드시 유념해야 할 점은 가급적이면 감정의 동요 없이 사무적으로 실행하는 성숙한 자세를 보여야 한다. 자녀가 싫어하거나 우는 모습에 마음 편한 부모는 없다. 하지만 기억해야 할 사항은 규칙이나 처벌은 부모를 위해 존재하는 게 아니라는 것이다. 규칙과 제재의 실행은 자녀의 자기조절행동을 돕기 위한 부모가 해야 할 의무이다. 행동의 결과를 예측하는 데 어려움을 겪는 ADHD 아동에게 원인과 결과(if-then)를 경험하게 하는 것은 인지적인 능력을 높이고 충동적인 행동을 조절하는 데 필수적이다. 1-2-3 매

직의 훈육기술은 저자의 임상경험과 자녀 훈육에서 아주 유용하고
강력한 기술이다. 가능한 어린 시절부터 사용하는 게 효과적이다.
자녀의 나이가 많아질수록 규칙을 세우고 제재를 실행하는 데 저
항이 심해지고, 규칙에 순응하는 시간이 더 길어진다는 사실을 알
아야 한다. 초등학교 고학년에게 규칙이나 제재를 시행을 할 경우
이에 순응하기 전까지 적어도 3개월은 일관되고 단호하게 시행을
해야 한다.

※ 경고가 필요한 문제행동을 보일 때
"하나" (5초의 기회를 준다), "둘" (5초를 다시 준다), "셋"을 센 후에
타임아웃을 실행한다.

처벌을 시행하기 전 주의사항

　아동이 규칙을 어길 경우 거기에 합당한 처벌을 받는다는 것을
인식하고 있는 경우에도, 통상적으로 처벌을 피하고자 변명이나
외부 탓을 할 수 있다. 이럴 경우 부모들이 감정적으로 반응을 하거
나 길게 설명하고자 하는 욕구가 일어나게 된다. 심지어 아동을 붙
들고 하소연하는 경우도 있다. 비효과적이지만 전형적인 반응이
다. 부모가 타임아웃을 실행하려고 할 때 아동의 변명이나 항변을
비난하는 방식으로 반응을 해서는 안 되고, 우선 아동의 말과 감정
에 공감적인 태도를 보인 후에, "하지만 규칙이 이렇기 때문에 처벌
로 네 방에 가라."라고 사무적이며 단호한 말투로 아동에게 말하고
타임아웃을 시행하면 된다.

소거하기

소거라는 말은 아동의 바람직하지 않는 행동에 관심을 보이지 않음으로써 그러한 행동이 서서히 사라지는 것을 말한다. 구체적인 행동수정의 기술이 '계획된 무시하기(planned ignoring)' '적극적인 무시하기(active ignoring)'라 부른다. 소거기술의 사용은 자녀의 행동이 바람직하지 않지만, 처벌하기에 다소 경미한 것으로 주로 부모의 관심을 끌고자 하는 행동들에 사용한다. 참고로 일부 부모나 교사들은 무시하기라는 말에 불편해하는 경우를 보는데, 이는 아이를 무시하는 것이 아니라, 아동의 바람직하지 않은 행동을 무시하는 점이라는 것을 강조할 필요가 있다.

예를 들어, 쉽게 지루해하는 ADHD 아동의 성향을 고려해 볼 때 부모에게 특별한 이유 없이 칭얼대는 행동을 하거나 투정을 부리는 모습을 보일 수 있다. 이런 경우에 부모가 그러한 행동에 대해 지적하거나 반응을 보일 경우에 통상 자녀는 차후에 더 그러한 행동을 보일 가능성이 높아지게 된다. 흔히 연못에 돌 던지기 비유를 자주 든다. 어린 시절에 강가나 저수지에 돌을 던져 본 경험이 있는 사람은 추측하리라 본다. 어린 시절에 저수지나 호수에 돌 던지는 놀이를 많이 한다. 던질 때 물결이 퍼져 나가는 모습이나 풍덩하고 물이 튀는 소리에 재미를 느끼게 된다. 자녀의 잘못된 행동을 훈계하는 데 있어 감정적으로 흥분하는 경우가 바로 부모의 잔잔한 마음의 호수 위에 돌을 던지는 행동과 같다. 물이 요란하게 소리가 나고 파장이 클수록 자녀는 자신의 행동을 자제하기보다는 더 흥분하여 반응하게 된다. 이런 경우 십중팔구는 자녀의 승리로 끝나고 부모는 체면을 구기게 되어 부모의 위신만 손상된다. 이와 같은 이 유로 아동의 바람직하지 않지만 처벌하기에는 경미한 행동들은 무 시하는 것이 행동을 감소시키는 데 효과적이다.

차별적인 강화 사용하기

자녀의 바람직한 행동의 발달을 돕기 위해서 부모나 교사가 취 해야 할 행동은 우선 아동에게 기대하는 바람직한 행동이 무엇인 지를 확인하고 그러한 행동을 보일 때 놓치지 않고 바로 바람직한 행동에 대해 언급하면서 칭찬이나 인정을 해 주어야 한다. 바람직 한 행동을 강화하기 위해서 초기에는 의식적으로 아동의 바람직 한 행동에 주의를 기울이고 의도적으로 칭찬을 해 주어야 한다. 반 면에 바람직하지 않은 행동에 대해서는 관심을 주지 않는 소거기 술을 사용하는 것이다. 행동수정기술 사용의 어려움은 의식적으로 일관되게 기술을 적용하는 것이다. 부모의 스트레스 수준이 높고 아동과 갈등이 심할 경우, 아동에 대한 부정적인 생각으로 인해 아동의 부정적인 행동만 보이는 선택적 주의를 하게 되어, 아동의 바람직한 행동을 찾아서 강화하는 것은 쉽지 않다.

1. 바람직한 행동을 보일 때 즉각적으로 칭찬하라.
2. 구체적인 행동을 언급하면서 칭찬하라.
3. 결과보다는 과정을 더 칭찬하라. 노력하고 있는 모습이나 태도에 부모는 아동을 더 격려하고 칭찬하는 것이 아동의 자존감과 바람직한 행동을 강화시키는 데 효과적이다.
4. 다소 약한 바람직하지 않은 행동은(칭얼거리기) 의도적으로 무시하라.

부모들에게서 자주 듣는 말 중에 하나가 아동에게 칭찬할 거리가 없다는 말이다. 아동의 반복적인 문제행동에 대해 지적하고 심지어 아이와의 잦은 말다툼으로 인해 어머니들은 아이에게 절망감과 무력감을 경험하게 된다. 이로 인해서 아동에게 변화에 대한 희망적인 가능성을 포기하게 되어 선택적인 주의하기의 모드로 돌아서서 아동이 설사 바람직한 행동을 하더라도 지금까지의 상처와 분노로 인해서 칭찬하고 싶은 마음이 들지 않거나, 바람직한 행동을 하더라도 당연시해 버린다. 실제로 선택적 주의하기로 인해 바람직한 행동은 보이지 않게 되고 부정적인 행동만이 눈에 띄게 된다. 차별적인 강화하기 연습에서 가장 힘든 부분 중에 하나가 부모가 아동의 바람직한 행동을 찾아내어 의도적으로 칭찬을 하는 행동이다. 아동이 먼저 부모에게 순종하고 기대에 부응하는 행동을 하기를 요구한다. 이런 경우 자녀와 부모가 힘겨루기라는 줄다리기의 교착점에 빠지게 된다. 이 시점에서 부모는 차분하게 다음 질문을 고려해 봐야 한다. 부모가 행동을 바꾸는 게 쉬운지 자녀가 행동을 바꾸는 게 쉬운지를 말이다. 부모는 일단 어른이다. 물론 내면에 상처가 많은 내면아이 부모도 많은 게 사실이다. 어른인 부모가 자녀의 한 수 위에서 내려다보면서 성숙한 모습으로 아이의 행동을 여유 있게 다룰 수 있는 자세가 필요하다. 이는 부모뿐만 아니라 학교 교사도 마찬가지다. 문제행동을 보이는 아동들과 힘겨루기를 하거나 미워하기보다는 보다 효과적인 행동수정기술을 이해하고 자신의 미해결된 문제로 인해 역전이가 있는지를 확인해 보아야 한다.

　이미 자존감이 낮고 실패감이 많은 ADHD 아동들은 시도하기 전에 쉽게 포기하는 성향이 있기 때문에 결과에 초점을 두기보다는 바라는 궁극적인 행동에 이르도록 단계별 즉 과정별로 칭찬을 하는 게 바람직하다. 한 주 동안에 동생과 싸우지 않고 잘 놀면 상을 주겠다는 말보다는 차라리 한 시간 동안이나 혹은 하루 동안 동생을 괴롭히지 않고 잘 돌봐 준다면 거기에 합당한 상을 주는 게 바람직하다.

바람직하지 않은 행동 소거(무시하기)	바람직한 행동 강화하기(칭찬하기)
무례한 행동하기	알아서 숙제하기
심심하다고 떼쓰기	동생과 사이좋게 지내기
물건 사 달라고 칭얼거리기	제시간에 잠자리 들기
반항적인 태도 보이기	제시간에 학교 가기
욕설하기	한 번의 명령에 순종하기

스티커를 사용할 경우

아동이 스티커를 받았을 경우 뭘 잘해서 받았는지에 대한 자기검토를 하기 위해 구체적으로 자신이 잘한 행동을 돌아보도록 하는 시간을 갖는다. 규칙과 제재를 시행하면서 동시에 규칙을 따르고 바람직한 행동을 할 때 보상을 주는 것은 아동의 동기부여에 효과적이다. 최근 연구에서 ADHD 아동들이 일반 아동보다 기질적으로 외부의 보상이 주어질 때 인지적인 과제 수행에서 향상을 보고하였다. 보상은 아동의 연령과 인지적 수준에 따라 다를 수 있지만, 아동에게 보상으로 무엇을 원하는지 물어보면 된다. 우선, 가정의 일상에서 아동이 준수해야 할 3~4가지 정도의 목표행동을 정하도록 하라.

📋 행동수정 차트 예시

목표행동	월	화	수	목	금	토	일
제시간에 일어나기							
숙제 마치기							
이빨 닦기							

토큰 경제, 일명 행동수정 차트는 아동의 연령이나 인지수준에 따라 목표행동과 이에 따른 점수 계산(포인트)이나 스티커 사용 등 다양한 양식으로 만들 수 있다. 단순히 부모에게 행동수정 차트를 만들기를 권하기보다는 회기에서 상담 실무자가 직접 부모와 차트를 만들어 보는 게 바람직하다. 동시에 자녀가 목표행동을 잘 이행하였을 때 어떤 보상을 아동에게 줄 것인지에 대해 부모와 논의를

할 필요가 있다. 실제 저자가 아이들이 어렸을 때 사용한 토큰 경제
는 바람직한 행동(자기 전에 이 닦기나 책 읽기)을 한 경우 포도송이
의 포도 알 그림에 스티커를 하나씩 붙여서 포도송이에 스티커가
다 채워지면 보상을 해 주곤 했다.

친밀감과 애착을 높이는 대화기술

부모와의 만성적인 갈등으로 인해 ADHD 아동은 부모와의 관계
에서 불안정한 애착을 형성하는 경우가 흔하다. 아동과의 건강한
애착발달을 위해 효과적인 대화기술이 포함된 두 가지 치료 기술
을 소개한다.

부모-자녀 상호작용 놀이치료

PCIT(Parent-Child Interaction Therapy)는 Shielia Euberg 박사
가 3~6세 아동을 위해 개발한 부모 행동훈련 프로그램으로서 증
거기반의 놀이치료이다. 기존의 놀이치료와 달리 치료사는 부모
가 아이와 장난감을 가지고 놀 때 치료적인 상호작용을 하도록 돕
고, 나아가 아동에게 효과적인 명령이나 지시하는 법을 부모에게
코칭을 한다. PCIT는 두 부분으로 구성되어 있는데 아동-주도의
놀이방식과 부모-주도의 놀이방식으로 구성되어 있다. 대부분의
놀이치료의 핵심적 기술들에는 반영하기나 기술하기 그리고 따라
하기 등의 기술이 포함되어 있다. 아동-주도 상호작용 놀이치료

의 핵심기술은 흔히 P.R.I.D.E 기술이라 부르는데, P(praise): 칭찬
하기, R(reflect): 반영하기, I(imitate): 따라하기, D(describe): 묘사하
기, E(enthusiastic): 열정적인 반응 보이기이다. 건강한 유아의 발달
과정에서 양육자가 자주 보이는 기본적인 반응 양식이다. 일반적
으로 건강한 양육자들은 아동이 말문이 트여 말을 하기 시작할 때,
아동의 말을 반복적으로 따라 하고 아동의 비언어적인 행동에 대
해 기술하는 반응을 보인다. 유아의 말을 반복적으로 반영하고 아
동의 행동을 묘사해 주는 것은 마치 반향판이나 거울의 역할을 하
여 아동이 자신의 존재감을 형성하게 되고, 양육자와의 깊은 신뢰
감과 건강한 애착 형성과 발달에 도움이 된다.

특히 ADHD 자녀들의 경우 유년시절부터 부모로부터 끊임없는
지적이나 잔소리 그리고 비난을 자주 받아 와서 자존감이 아주 낮
다. 소개하는 두 가지의 치료 기술은 부모와 자녀의 친밀감과 신뢰
감을 높이고, 또한 아동의 자존감 증진에 아주 효과적인 핵심 기술
들이다.

아동-주도 상호작용 놀이치료
(Child-Directed Interaction: CDI)

핵심 기술	설명과 예시
칭찬하기	칭찬하기는 두 가지 유형이 있다. 명시적인 칭찬하기: "주의집중해서 블록을 잘 쌓는구나." 비명시적인 칭찬하기: "잘했어" "훌륭해" 구체적인 행동을 언급하면서 칭찬하는 것이 효과적이다.
반영하기	아동의 말이나 감정을 반영하는 기술이다. 기계적인 느낌이 들지만 아동의 말을 그대로 돌려주듯이 말을 하면 된다.
따라하기	특히 장난감을 가지고 놀 때 아동과 같이 하는 행동을 말한다.
묘사하기	비언어적인 행동이나 태도, 모습에 대해 언급하는 기술이다. "블록을 길게 연결하는구나."
열정적인 반응 보이기	자녀의 긍정적인 행동에 열정적인 놀라움을 보이는 행동이다. 아동의 자기애적인 욕구에 부합하는 반응이다.

■ **칭찬하기**(Praise)

부모-자녀 상호작용 놀이치료 연습에서 가장 어려운 기술 가운데 하나이다. 이미 자녀와의 관계에서 많은 갈등과 상처가 있다면, 부모는 아동의 모든 행동이 마음에 들지 않게 되고, 바람직한 행동에 대해서도 칭찬하고 싶지 않은 마음이 인지상정이다. 선택적인 주의하기의 결과로 자녀가 바람직한 행동을 할 경우 전혀 인식을 하지 못하는 경우도 자주 있다. 자녀의 문제행동에만 초점을 둘 경우 바람직한 행동에 대한 칭찬이나 인정의 부재로 인해 자칫 자녀의 무력감이나 분노만 야기할 수 있다. 칭찬하기 연습을 위해 상담자와 칭찬할 만한 행동들에 대해 사전에 미리 파악해 두는 게 낫다.

■ 반영하기(Reflect)

아동의 말이나 감정을 반영하는 것이다. 반영하기는 부모가 자신의 생각과 판단을 내려놓고 자녀의 말이나 감정을 반향판처럼 말이나 감정을 되돌려 주는 것이다. 이를 통해 자녀들은 이해받은 느낌을 가지게 되고 자신의 존재감과 가치감을 가지게 된다. 어른도 거울을 통해 자신의 모습을 확인하듯이 아동의 말을 부모가 반영해 주는 것은 아동이 자신의 생각과 감정을 이해받게 되어 더 많은 사고와 감정을 표현하도록 돕는다. 이를 통해 언어 표현력의 향상과 더불어 감정의 인식과 조절에 도움이 된다.

■ 따라하기(Imitate)

아동의 놀이행동을 따라 하는 것을 통해 아동은 자신의 놀이가 부모에게 인정받는 경험을 하게 된다. 따라하기는 아동과 동일하거나 비슷한 장난감을 가지고 아동이 노는 것을 따라 하는 것이다. 부모는 아동의 놀이를 한 두 단계 뒤에서 따라가면서 아동의 놀이가 관심의 초점이 되도록 해야 한다. 자칫 부모가 놀이를 앞서가면서 놀이를 주도해서는 안 된다.

■ 묘사하기(Describe)

묘사하기는 아동의 비언어적인 행동을 기술하는 반응이다. 반영하기와 구체적인 차이는 반영하기가 아동의 말의 내용이나 감정을 되돌려 주는 반응적인 기술이지만, 묘사하기는 말 그대로 부모가 아동이 하고 있는 행동을 마치 거울이 모습을 비춰 주듯이 그냥 존재하는 모습 그대로 확인해 주는 것이다. 예를 들면, "빨간 블록을 노란 블록 위에 쌓고 있네." 반영하기나 묘사하기와 같은 기술은 반향판이나 거울의 역할을 함으로써 아동이 부모에게 자신의 존재를 확인받고, 수용받는 경험을 하게 되고 이를 통해 자존감과 친밀감을 형성하게 된다.

■ 열정적인 반응 보이기(Being enthusiastic)

부모가 아동과 함께 하는 놀이시간이 정말 즐겁다는 메시지를 주게 된다. 열정적인 반응 보이기는 우울한 부모에게 다소 어색하고 힘든 작업일 수 있다. 다양하고 활기찬 목소리로 아이의 놀이에 대해 부모가 함께 즐기고 기뻐하고 있다는 반응은 아이와 부모 간의 친밀감과 연결감을 높여 준다.

부모-주도 상호작용 놀이치료

CDI 놀이치료를 통해서 아동이 자존감과 친밀감이 향상이 된 후에 부모-주도 상호작용 놀이치료(Parent-Directed Interaction: PDI) 기술을 부모가 아동에게 시행한다. 그 예로는 효과적인 명령하기와 타임아웃이 있다. 실제 현장에서 효과적으로 적용하기 위해서 상담실무자들이 PCIT 훈련과정을 통해서 개입기술을 숙련하는 과정이 필요하다.

이마고 관계치료의 부부 대화기술 사용하기

이마고 관계치료(Imago Relationship Therapy: IRT)는 미국의 Harville Hendrix 박사와 그의 아내 Helen Hunt가 개발하였다. 이마고 관계치료는 다양한 상담치료기법(정신분석, 자아심리학, 애착이론, 자기심리학, 게슈탈트, 정신역동, 인지행동치료 등)을 기반으로 하여 위기부부들의 갈등을 해결하고 관계를 회복하는 데 아주 강력한 치료기법이다. 배우자가 서로의 미해결된 상처를 치유하는 역할을 하는 부부 주도적인 상담으로 치료사는 촉진자의 역할을 한다. ADHD 아동을 둔 부부는 일반 아동의 부부보다 보다 심각한 갈등과 우울증과 무력감을 경험하기 때문에 부부의 갈등을 해결하고 친밀감과 신뢰감을 회복하는 데 아주 효과적이다. 특히 이마고 부부 대화기술은 부모가 자녀와 진지한 대화를 나누고, 서로가 이해받고자 할 경우, 의도적으로 사용하면 유용할 것이다.

대화방법이 구조화된 절차를 따르기 때문에 ADHD 증상의 어려움으로 인해 차분하게 대화가 되지 않는 아동과 부모에게 안정감을 주면서 서로의 말을 온전하게 이해하고 전달하는 데 있어 유용한 기술이 될 수 있다. 이마고 대화의 요령은 먼저 말을 거는 사람(sender: 보내는 사람)과 말을 받아 주는 사람(receiver: 받는 사람)을 먼저 정한다. 그다음 보내는 사람이 대화를 요청하는 말을 건넨다. 순서를 간략하게 다음과 같이 소개한다. 보다 자세한 정보는 이마고 부부치료 관련 서책을 읽기를 권한다.

보내는 사람	받는 사람
이마고 대화 신청하기	대화 받아 주기
"지금 당신과 이마고 대화법으로 얘기할 수 있어요?" 혹은 "엄마가 지금 너와 잠시 얘기할 수 있겠니?"	"좋아요."
표현하기	거울반영하기(mirroring)
"엄마가 좀 화가 나는 게 있는데 그게 뭐냐 하면, 학교에서 돌아온 후에 숙제도 하지 않고 게임만 하는 것 같아 속상해."	"엄마 말은 제가 학교에 돌아와 숙제를 하지 않고 게임만 하는 것 같아 화가 난다 말이지요? 제가 잘 이해했나요?"
"응, 맞아."	"좀 더 얘기해 주실래요?"
"엄마가 여러 번 얘기했잖아. 학교에서 돌아오면 먼저 숙제를 마치고 게임을 하라고."	"엄마 말은 제가 학교에서 돌아오면 먼저 숙제를 끝내고 게임을 하라는 말씀이죠? 제가 잘 이해했나요?"
"응, 맞아."	"하실 말씀 더 있으세요?"

"응, 엄마가 여러 번 너한테 얘기를 했는데 따르지 않아, 네가 엄마를 무시하는 것 같아 속상하고 화가 나."

"엄마 말은 엄마가 저에게 여러 번 얘기를 했는데 제가 따르지 않아, 제가 엄마를 무시하는 것 같아 화가 나신다는 말씀이죠? 제가 잘 이해했나요?"

"그래, 맞아. 엄마는 네가 스스로 좀 잘 알아서 하면 얼마나 좋을까 하는 마음이 들고…… 알아서 스스로 못 하니까 점점 걱정도 되고."

"엄마 말은 제가 스스로 알아서 하면 좋겠다는 말이고 제가 알아서 하지 않으니까 걱정이 된다는 말이죠? 제가 바르게 이해했나요?"

"응, 바르게 이해했어."

"더 하실 얘기 있나요?"

"아니, 다했어."

"그럼 제가 지금까지 엄마 말을 바르게 이해했는지 요약해 볼게요."

요약하기(summary)
(지금까지 거울반영한 말을 요약하여 다시 보내는 사람에게 돌려준다)

"제가 잘 이해했나요?"

"응, 바르게 이해했어."

인정하기(validation)
"엄마 말이 참 이해가 돼요. 뭐가 이해가 되냐 하면, _____"

공감하기(empathy)
"아마도 그때 엄마의 심정이 _____ 했을 것 같아요. 제가 잘 이해했나요?"

☑ 각각의 기술에 대한 설명

기술	설명
거울반영하기	보내는 사람의 말을 최대한 그대로 돌려주는 연습이다. 보내는 사람의 말에 대해 받는 사람의 의견이나 판단을 내려놓고, 상대의 말에 온전히 집중해야 하는 어려운 작업이다. "엄마 말은 ＿＿＿＿＿＿ 라는 거지요? 제가 바르게 이해했나요?" 혹은 "네 말은 ＿＿＿＿＿＿ 거지? 엄마가 잘 이해했니?"
요약하기	지금까지 반영한 내용을 전체적으로 다시 요약 정리해서 되돌려 주는 작업이다. "지금까지 제가 바르게 이해했는지 요약해 볼께요. 엄마 말은 ＿＿＿＿ 했다는 말씀이고 또 ＿＿＿＿＿ 했다는 말씀이지요? 제가 잘 이해했나요?"
인정하기	보내는 사람의 말의 내용과 감정을 그 사람의 관점에서 이해가 된다는 메시지를 전한다. "엄마 말이 이해가 돼요. 뭐가 이해가 되냐 하면 엄마가 저에게 여러 번 숙제를 마치고 게임하라고 했는데 따르지 않아서 엄마를 제가 무시한다고 생각하시는 게 이해가 돼요."
공감하기	상대방의 말의 내용과 감정을 이해하고 나서 그 당시의 상대방의 감정이 어떠했으리라 추측을 한다. "엄마를 이해하고 나니까 그때 엄마가 속상하고 슬펐을 거 같애요. 제가 잘 이해했어요?"

교사상담

ADHD 아동이 학교에서 성공적으로 적응하기 위해서는 교사의 적극적인 배려와 지도 없이는 불가능하다. 학업 수행과 원만한 또래관계를 형성하고 유지하기 위해서는 교사의 특별한 관심과 배려 그리고 조력이 필요하다. 무엇보다 교사는 ADHD에 대한 충분한 이해와 아동이 경험하는 어려움에 대한 충분한 이해와 공감이 필요하다. 교사가 ADHD 아동의 문제행동에 효과적으로 대처하기 위해서는 다음과 같은 내용을 상담전문가가 제공하거나 교육할 필요가 있다.

- ADHD 증상에 대한 정보제공 및 교육하기
- 분명한 규칙과 제재의 중요성 설명하기

- 행동수정 코칭하기: 강화하기와 처벌하기, 소거기술 소개
- 기능적 행동분석 교육하기
- 개인별 지도의 경우 주의집중이 양호하므로 교사의 개인적인 지도의 중요성 설명하기
- 잦은 피드백 제공하기(긍정적인 피드백 5~8배)
- 아동의 흥미와 관심 파악하기
- 주변 자극에 노출이 덜 되는 교실 안쪽에 아동의 자리를 배정하기
- 학업수행과 집중을 잘하는 차분한 학생 근처에 배정하기
- 지시를 들은 아동에게 들은 내용을 반복하게 하기
- 아동의 눈을 보고 이야기하기
- 말보다는 때로 종이에 적어 주기
- 아동과의 관계 유지하기 및 배려하기
- 부모와 협조적 관계 형성하기

앞에서 언급한 내용이 다 중요하지만 가장 우선 사항으로 교사는 학기초부터 ADHD 아동에게 관심과 배려를 보이면서 신뢰로운 관계를 형성하고, 동시에 부모와 협력적인 관계 형성이 필수적이다. 부모교육에서 강조한 것과 마찬가지로 교사에게도 부모와의 협력적인 관계와 지속적인 소통의 중요성을 강조해야 한다. 학부모와 교사의 불신으로 인해 부모가 보이는 교사에 대한 분노와 불신은 아동의 문제를 더욱 악화시키게 된다.

학급관리

교사는 ADHD가 장애이며 이로 인해 아동이 경험하게 되는 어려움에 대한 이해를 하는 게 우선이다. 일반 아동과 달리 ADHD 아동은 수업시간에 교사의 지시에 순응하여 주어진 과제를 수행하는 데 어려움이 있다는 사실을 받아들여야 한다. 아동의 행동과 학업 수행 능력의 어려움에 대한 현실적인 기대를 가져야 한다. 수업시간에 아동이 문제행동을 보일 때 길게 잔소리나 훈계하기보다는 짧고 간단한 말로 하는 게 효과적이다. 가급적이면 문제행동을 보이는 초기에 경고를 은밀하게 주어 아동이 스스로 자제하도록 하는 게 바람직하다. 경고에도 계속 문제행동을 보이게 될 경우 문제행동에 대한 기저의 원인과 목적에 대한 분석이 필요하다. 예를 들어, 방해적인 행동을 할 경우 단호하게 경고를 한 다음 재차 문제행동을 할 경우 처벌이 바람직하다. 물론 문제행동의 기능이나 목적이 도피나 회피의 경우 이에 대한 선행적인 조치가 필요하다. 예를 들어, 수업내용과 과제가 어려워 수업에 방해적인 행동을 하게 된다면 처벌은 전혀 도움이 되지 않는다.

단순히 과잉행동으로 인해 수업에 방해적인 행동을 할 경우 아동이 잠시 일어나서 몸을 스트레칭하도록 허락하거나 밖에 잠시 나갔다가 오도록 허락하는 것도 대안이 될 수 있다. 과잉행동 문제는 단순히 억압을 해서 해결될 문제가 아니라, 뇌신경과 관련된 장애라는 인식이 필요하다. 과잉행동 아동의 대다수가 충동 조절의 어려움도 보인다. 단순히 억압하기보다는 조절하지 못하는 에너지를 보다 건설적인 활동으로 해소하도록 도와줄 필요가 있다. 예를 들어, 반의 학생들을 위해 자료를 나눠 주거나 수거하고 교사의 일을 도와주게 함으로써 책임감도 가지게 하고 자존감을 높여 줄 수 있다.

이미 가정에서나 학교에서 비난과 질책을 많이 받은 ADHD 아동의 자존감에 상처를 주지 않기 위해서, 공개적인 질책보다는 비밀적인 경고나 필요에 따라 개인적인 상담을 통해서 아동에게 주의를 주는 게 바람직하다. 보다 예방적인 차원에서 ADHD 아동에게 규칙을 상기시켜 줄 수 있도록 게시판이나 칠판 옆에 붙여두는 것도 좋은 방법이 될 수 있다. 가급적이면 규칙을 벽에 붙여 두고 아동들이 숙지할 때까지 모든 수업 전에 반복할 필요가 있다.

(예시) 규칙을 게시판이나 학생들이 잘 보이는 곳에 붙여 두기
✓ 수업시간에 옆 사람과 얘기하지 않는다.
✓ 앉아 있기 힘들면 허락을 받고 잠시 뒤에 가서 몸을 푼다.
✓ 선생님의 허락 없이 자리에서 일어나지 않는다.

[전형적인 교실 규칙의 예]

• 타인을 존중한다.
• 어른의 말에 순종한다.
• 조용히 과제를 한다.
• 정해진 자리에 앉아 있는다.
• 말을 하거나 도움이 필요할 경우 손을 든다.

교사의 주의 주기 전략

ADHD 아동의 내적인 동기부여와 바람직한 행동의 강화를 위해 교사는 바람직한 행동을 보일 때마다 미소, 어깨나 등 두드리기, 머리 쓰다듬기, 고개 끄덕이기 등의 긍정적인 주의 주기나 인정하기의 메시지를 전달하여야 한다. 반면에 교사나 또래들의 관심을 끌려고 하는 가벼운 부정적인 행동은 적극적인 무시하기를 통해 관심을 주지 말아야 한다. 적극적인 무시하기 혹은 계획된 무시하기는 바람직하지 않은 행동의 소거를 위한 구체적인 기술로 아주 효과적인 기술이다. 특히 기억해야 할 중요한 점으로는 ADHD 아동의 부정적인 행동이 수업이 진행되고 어느 시점에서 주로 시작된다는 것이다. 다시 말해서, 수업을 시작하고 처음 얼마 동안에는 바람직한 행동을 한다는 의미이며 교사는 아동의 바람직한 행동을 놓치지 않고 긍정적인 주의 주기나 인정하기를 보여 주어야 한다. 이를 통해 ADHD 아동은 다시 내적 동기부여를 받고 수업에 주의집중하게 된다. 이는 마치 마라톤 선수가 중간중간에 물을 마시며 달리는 것과도 유사하다. 비유적으로 말하다면 ADHD를 가진 아동·청소년은 단거리 선수라 보면 된다. 일반 아동들의 경우 쉽게 지루해 하지 않고 참고 견디지만, ADHD 아동의 경우 스스로 동기부여하는 능력 결함으로 인해 외부에서 주어지는 강화물이 자주 필요하다. 특히 부정적인 행동에 대해서 사전에 교사는 아동과 미리 비밀신호를 정하는 게 효과적이다. 이를 통해서 학생이 부정적이고 바람직하지 않는 행동을 사전에 인식하고 다소 조절하게 된다.

유치원이나 저학년의 경우 색깔을 통해 경고 주기를 할 수 있다. 녹색, 노란색, 빨간색의 큰 원을 만들어 모든 아동의 이름을 처음에 녹색의 원에 붙여 두었다가 문제행동을 보일 경우 아동의 이름을 노란색으로 옮기고 그러고 나서 한번 더 문제행동을 보일 경우 빨간색의 원으로 이름을 옮긴다. 이를 통해 보다 시각적으로 아동이 자신의 행동에 대해 주의를 더 기울이게 된다. 이는 앞에서 소개한 1-2-3 매직의 변형이다.

수업내용

교사의 설명 위주의 강의보다는 흥미를 유발할 수 있는 시청각적인 자료를 보거나 손으로 직접 만지면서 학습할수 있는 활동 위주의 수업도 ADHD 아동들의 주의집중을 높일 수 있다. 교사의 열정적 행동이나 태도 역시 ADHD 아동에게 도움이 될 수 있다. ADHD 아동을 위해 어려운 과목은 가능한 오전에 배치하고, 다소 활동적이고 흥미가 있는 과목은 오후에 배치하는 게 바람직하다. 수업내용에 따라 아동에게 과제를 선택할 수 있는 기회를 주어 동기를 높여 줄 수도 있다.

컴퓨터 지원 학습

ADHD 아동·청소년에게 컴퓨터를 이용한 학습이 효과적이라 보고하고 있다. 주의집중의 어려움과 산만한 성향으로 인해 또래들과의 수업 장면에서 내용을 이해하고 지시를 따르는 어려움으로 인해 컴퓨터를 통한 개인학습이 ADHD 아동이나 청소년에게 보다 학습 효과가 높을 수 있다. 특히 컴퓨터를 이용한 게임 형태의 수학 교육에서 학업이 많이 향상되었음을 보고하고 있다. 컴퓨터를 통한 학습은 상대적으로 주의를 집중하는 데 효과적이고 자신의 이해 속도에 맞춰서 진도를 나갈 수 있기 때문에 심리적인 불안감을 줄여 줄 수 있다. 동일한 맥락에서 ADHD 아동의 개인지도가 효과적이라고 보고하고 있다.

교사 심리상담 지원하기

실제 학교 장면에서 학생지도 이외에 교사들이 업무 관련 스트레스나 개인적인 고민이나 스트레스로 인해 문제행동을 보이는 ADHD 학생지도에 특히 심각한 어려움을 경험할 수 있다. ADHD 아동의 경우 가정뿐만 아니라 학교에서 많은 시간을 보내기 때문에 아동의 심리사회적인 발달에서 교사의 역할이 아주 중요하다. 교사에게 아동의 문제행동 관리기술에 대한 정보 제공 못지않게, 상담사가 조력해야 하는 또 다른 부분이 교사와의 협력적인 관계

형성과 유지하기 그리고 필요시에 교사의 심리적 지지와 상담을 제공하는 것이다. 학생들과의 문제뿐만 아니라 동료 교사와 교직원 그리고 자신의 가족과의 문제 등 교사 역시 일반 내담자와 마찬가지로 여러 가지 삶에서 경험하는 문제들을 경험할 수 있다. 특히 원가정에서 불안정한 애착을 형성한 교사의 경우 학생들에 대한 공감적인 태도나 돌봄의 태도보다는 ADHD 아동에게 무관심한 태도를 보이거나 일방적인 복종이나 순종을 강요하거나 처벌적인 태도로 대할 수 있다. 문제는 ADHD 아동의 경우 대다수가 부모와의 갈등으로 인해 불안정한 애착유형을 보일 가능성이 높고, 이는 무관심하거나 처벌적인 교사와의 관계에서 문제가 악화될 소지가 높다. ADHD 아동의 문제행동에 대해 적절한 처벌도 중요하지만, 아동이 교사와의 관계에서 수용받고 이해받는 경험을 하게 될 경우 교사의 기대에 부합하려는 태도를 보이게 된다.

전향적이고 예방적인 접근의 필요성

반응적인 처벌을 통해 문제행동이 당분간은 감소할 수 있을지 모르지만, 바람직한 대체 행동을 가르치는 데는 실패하고, 처벌을 통한 문제행동의 감소는 정적 강화의 효과로 인해 교사나 부모는 처벌의 강도와 빈도수가 자칫 높아지게 된다. 처벌은 학생과의 관계에 부정적인 영향을 미친다. 특히 ADHD 아동·청소년은 실제적인 학업기술이나 사회성 기술의 부족으로 인해 문제행동을 일으킬 소지가 높기 때문에 보다 전향적(proactive)이고 예방적인

(preventive) 조치가 더욱 필요하다.

☑ 학교 장면에서 행동기능 분석하기

선행사건이나 상황	문제행동	결과
수학수업	수업시간에 장난치며 떠드는 수업 방해 행동	잔소리하거나 상담실로 보내기

다음은 교실 장면에서 교사가 취할 수 있는 전향적인 조치 방법이다.

- **아동과의 개인적인 관계 형성하기**: 가장 간과하기 쉬운 부분으로 학생과의 친밀한 관계 형성은 아동이 교사의 지시에 자발적이고 순응하도록 만드는 가장 중요한 기본 작업이다. 특히 인정이나 관심에 대한 강한 욕구를 가진 ADHD 아동이나 청소년들에게 교사의 관심과 지지는 문제행동 관리 그 이상의 의미를 지니고 있다. ADHD 아동 · 청소년은 교사의 관심과 개인적인 지도를 통해 학교 장면에서 잘 적응하는 경우가 있다.

- **과제 부여의 다양성**: ADHD 아동 · 청소년은 일반 아동과 달리 주의집중의 어려움과 정보처리의 어려움으로 인해 압도되지 않도록 과제를 나누어 하고 소화할 수 있는 쉬운 과제를 주도록 한다.

- **과잉행동에 대한 건설적인 허용**: 주의를 지속적으로 유지하는 어려움과 산만성/충동성으로 인해 오랫동안 자리에 앉아 과제

를 하는 데 어려움이 있다. 이를 위해 교사는 아동이 해야 할
과제를 마친 후에 잠시 화장실에 다녀오거나 물을 먹고 오도
록 하는 등 일시적인 휴식을 취할 기회를 주는 게 바람직하다.
상황에 따라서는 잠시 일어났다가 앉도록 할 수도 있다. 최근
연구에서 ADHD 아동이 인지적 과제를 수행할 때 다리를 흔
들거나 의자를 흔드는 행동이 주의 각성을 높이고 수행의 향
상을 가져온다고 보고하였다. 일반 아동이 그럴 경우 수행이
악화되었다.

• **문제행동에 대해 비언어적으로 신호 보내기:** 사전에 아동과
약속을 통해서 아동이 바람직하지 않은 행동을 보일 때 교사
가 신호로 알려 주는 것이다.

• **잦은 피드백과 신체 접촉을 통한 바람직한 행동 강화:** 문제행
동을 지적하는 것보다 바람직한 행동을 보일 때 놓치지 않고
칭찬하고 격려하는 것이 훨씬 더 효과적이다. ADHD 아동이
바람직한 행동을 유지할 수 있는 시간을 파악한 후에 문제행
동이 일어나기 전에 ADHD 아동에게 잘하고 있다는 신호나
신체적인 접촉을 통해 피드백을 줄 경우 아동은 다시 동기를
얻게 되어 바람직한 행동을 유지하게 된다. 마치 연료 탱크의
기름이 소진되기 전에 다시 재충전하는 원리이다. 기억해야
할 사항은 ADHD 아동 · 청소년들은 장거리 선수가 아니기 때
문에 잦은 피드백과 격려를 통해 재충전이 필요하다.

- 바람직하지 않는 행동에 대해 공개적인 비난이나 질책보다는 안전한 상황에서 처벌하기: ADHD 아동·청소년들은 이미 오랜 기간 주변으로부터 부정적인 피드백이나 처벌을 받았기 때문에 내면에 낮은 자존감이 형성되어 있다. 이런 이유로 공개적인 상황에서 교사로부터 받는 지적과 훈계는 수치감을 불러일으키며 심한 분노감과 동시에 반항적인 태도와 행동을 유발시킨다.

일일행동카드를 통한 행동관리하기

일일행동체크를 통해 아동의 행동과 학업수행을 지속적으로 평가하는 데 효과적이다. 이러한 일일행동카드를 통해서 부모와 교사가 소통하는 계기를 마련할 수 있고, 문제행동을 보일 경우 학교에서 적절한 처벌을 시행할 수 있을 뿐만 아니라, 가정에서도 교사의 처벌에 동의하면서 아동의 문제행동에 대해 경고나 처벌을 할 필요가 있다. 동시에 아동의 문제행동이 감소하거나 보이지 않을 때 가정에서는 아동에게 적절한 보상이나 칭찬을 해 줄 필요가 있다. 즉각적인 보상이나 피드백에 민감한 ADHD 아동들에게 일일행동카드를 통한 피드백은 아주 효과적이다. 즉, 아동이 자신의 행동을 매 순간 의식적으로 관찰하는 연습을 통해서 보다 충동적인 행동을 감소키는 데 효과적이다. 문제는 부모나 교사들이 이의 중요성을 인식하고 지속적으로 일관되게 주의와 노력을 기울이는 일이다.

📥 일일행동카드 예시

이름:		날짜:			
목표행동	1교시	2교시	3교시	4교시	5교시
1.					
2.					
3.					
4.					
5.					
6.					
7.					

교사 피드백:

협력적인 문제해결하기

협력적인 문제해결하기(Collaborative Problem Solving: CPS) 기술은 ADHD 아동들의 문제에 대해 보다 전향적이고 예방적인 조치로서 문제행동에 대해 아동과 함께 풀어 나가는 5단계로 구성된 대화 방식이다.

1. 문제행동에 대한 기술하기: 아동의 객관적인 행동을 기술하면서 궁금한 태도로 확인을 한다.

교사: "선생님 보기에 수학시간에 문제를 푸는 데 힘들어 하는 것 같
던데, 어떠니?"

2. **공감하기**: 공감적인 반영하기의 대화로서 거울반영이나 재진
술 그리고 감정반영의 기술을 사용한다. 학생을 보다 깊이 있게 탐
색하기 위해 구체적인 개방형 질문을 사용할 수 있다. 심리상담에
서 라포형성을 위해 자주 사용하는 기술이다.

학생: "예. 어렵고 재미없어요."
교사: "네 말은 문제가 어렵고 재미없다는 얘기구나."

3. **문제 논의하기**: 아동이 경험하는 구체적인 어려움에 대해 들어
보고, 자신의 어려움을 교사에게 말해 준 것에 대해 칭찬을 한다.

교사: "그래 어떤 부분이 어렵고 재미가 없니?"
학생: "문제를 읽어 봐도 어떻게 풀어야 할지 모르겠어요. 푸는 방식
을 모르겠어요."
교사: "왜 어려운지 얘기해 줘서 기쁘구나."

4. **교사의 염려와 생각 전달하기**

교사: "하지만 선생님이 염려가 되는 것은 자꾸 장난치고 얘기하게
되면, 문제를 풀지 못하게 되고 학년이 올라가면 더욱 어려워
질 것 같은데."

5. **초대하기**: 문제해결에 대한 아동의 생각을 물어보거나, 혹은 함께 어려움을 어떻게 해결할 수 있을지에 대해 생각해 보자고 제안한다(브레인스토밍).

> 교사: "그럼, 선생님이 어떻게 해 주면 좋을지 궁금하구나." "우리 함께 이 문제를 어떻게 하면 좋을지 생각해 보자꾸나." "문제를 해결하기 위해 생각나는 아무 생각이나 얘길 해 볼래?"

아동상담 및 치료

사회성 기술 훈련

또래들과의 관계 유지가 가장 큰 어려움 가운데 하나이다. 사회성 기술 훈련 집단은 특히 공격적이고 반사회적인 아동들의 사회적 기능 증진에 효과적이라고 보고한다. 하지만 ADHD 아동이 내현화 장애나 학습장애를 가진 경우 다소 비효과적이라 보고한다. 사회성 기술 증진을 위해 집단상담을 자주 시행하지만 연구 결과를 볼 때 사회성 기술이 가정이나 학교에 크게 일반화되지 않는다고 한다. 사회성 기술의 부족이라기보다는 ADHD의 주요 증상인 과잉행동과 부주의로 인해서 또래관계에서 어려움을 일으키게 된다는 의미이다. 국내 연구의 결과에 따르면 ADHD 아동이 사회성 기술을 익

히더라도 부주의한 문제로 인해 특정한 상황에서 전체를 조망하는 능력이 부족하여 부적절한 반응을 보일 가능성이 높다고 한다. 이를 위해 다양한 상황에서 적절한 언어와 부적절한 언어 표현에 대한 지속적인 교육과 학습이 필요하다. 사회성 기술 개발 훈련이 보다 효과적이기 위해 약물치료와 부모교육 그리고 아동 개인을 대상으로 하는 매개치료나 인지행동치료와 병행하는 게 바람직하다.

인지행동치료

자기감찰 훈련하기

자기감찰 훈련이란 자신의 행동과 감정을 지속적으로 관찰하는 과정이다. ADHD의 주요 증상인 부주의와 산만성으로 인해 반복적인 실수를 줄이기 위해서 끊임없이 알아차리는 훈련이 필요하다. 행동억제의 결함으로 인해 실행기능이 효과적으로 작동하지 않는다는 이론적인 전제를 볼 때 ADHD 아동은 매 순간 행동하기 전에 정지하는 연습이 최우선적으로 길러야 할 습관이 될 것이다. ADHD 아동의 경우 사회성 기술의 결함에서 사회성이 부족한지 아니면 인지적·정서적 이해 능력에서 나오는 문제인지에 대한 논란이 있다. 사회성 기술의 결함이라기보다는 오히려 광범위한 인지적·정서적 능력의 결함과 실행기능의 결함 그리고 감정조절의 결함에서 오기 때문에 인지행동치료가 더 효과적일 수 있다는 주장이 있다.

자기지시적 훈련하기

자기지시적 훈련(self-instructional training)이 아동의 자기조절력 향상에 효과적이라고 한다. 자기반성적인 사고의 능력이 없는 게 아니라 ADHD 아동들이 일반 아동보다 속말하기(private speech) 혹은 자기대화(self-talk)의 발달이 일반 아동보다 늦다고 한다. ADHD 증상으로 인해 부모와의 관계에서 부정적인 반응을 이끌어 내고 통제를 당하기 때문에 반성적인 사고, 즉 내면적인 자기대화를 할 충분한 경험을 가지지 못하게 된다고 한다. 항상 멈추고(Stop), 생각하고(Think) 그리고 행동하는(Act) 습관을 반복적으로 연습해야 한다.

인지적인 왜곡 수정하기

ADHD 아동의 경우 과잉행동과 충동성으로 인해 유아기 때부터 또래들과의 갈등과 거절 경험 등을 가지게 되고 이로써 또래들의 행동이나 반응에 인지적인 왜곡을 보이는 경향이 높다. 또래들의 사소한 실수에도 자신을 싫어해서 그런 거라고 부정적인 타인상을 가진 경우가 흔하다. 사회성 기술 개발과 더불어 아동의 역기능적인 사고의 확인과 수정이 필요하다.

문제해결하기 교육하기

행동억제 결함으로 인해 충동적으로 행동하기 때문에 내면적인 사고나 성찰을 하기보다는 반사적인 행동을 하기 쉽다. 일단 아동이 행동하기 전에 멈추는 습관을 형성하게 되면 이제는 문제에 대한 정의와 더불어 해결 가능한 방법을 함께 브레인스토밍하는 연습이 필요하다. 반사적인 행동과 더불어 사고 역시 제한적이기 때문에 교사나 부모는 아동의 문제를 함께 정의하고 이에 대한 해결책을 노트에 쓰는 연습이 필요하다.

예술치료, 놀이치료

예술치료나 놀이치료의 경우 아동이 자신의 생각과 감정을 표현하고 내면을 탐색하는 데 도움이 된다. 매체를 통해 아동의 사고와 감정을 언어화하면서 아동이 경험한 이전의 부정적인 사건에 대한 상처를 접촉하고, 왜곡된 사고나 신념의 수정 작업을 한다. 아동이 자신의 감정을 인식하고 표현하는 연습은 사회성 기술 훈련에 도움이 된다. 그림 그리기, 조각하기, 만들기 등의 창조적인 활동은 긴장 이완을 돕고 행복감을 주는 두뇌 호르몬인 세로토닌 수치를 높인다고 한다. 심지어 5분 동안의 찰흙을 가지고 만들기 활동이 스트레스 볼을 쥐어짜는 것보다 스트레스 감소에 더 효과적이라고 한다. 최근에 ADHD 아동의 주의력을 높이기 위한 손 장난감들이 유행한 적이 있다. 대표적인 스트레스 볼 연구에 의하면 ADHD 아동들이 스트레스 볼을 주무르면서 글쓰기 작업을 할 경우 작문 평균 점수가 향상된다는 것을 보고하였다. 만다라 그리기 활동의 경우 아동의 주의력 시간을 늘리고 충동적 행동을 줄인다고 한다.

뉴로 피드백이나 작업 기억 향상 프로그램

보다 최근에 연구와 치료가 활발히 진행되고 있는 개입 방식으로 효과성에 대해서는 논란이 있지만, 국내 연구의 결과나 해외 연구 결과에서 긍정적인 치료 효과를 보고하고 있다. 해외의 메타분석 연구 결과를 보면 부주의와 충동성에 대한 치료 효과가 크고, 반면에 과잉행동은 치료효과의 크기가 중간 크기로 보고하였다. 국내의 경우 부모나 교사들의 평정 결과에 따르면 긍정적인 변화를 보고하고 있다. 한편, 대학생을 대상으로 한 국내 연구에서는 주의 시간의 길이가 향상되고 뇌기능의 안정화를 도와 ADHD 관련 증상 완화에 긍정적인 효과를 보고하고 있다.

약물개입

아동·청소년의 ADHD 치료에서 효과적인 개입은 약물치료와 부모의 행동수정기술 교육이다. ADHD 치료 약물은 크게 신경각성제와 비신경각성제로 구분된다. 신경각성제의 경우 두 종류가 있는데 하나는 메틸페니데이트 계열이고, 다른 하나는 암페타민 계열의 약물이다. 국내에서 처방하는 약물은 메틸페니데이트 계열과 비신경각성제 아토목세틴(atomoxetine) 계열이다. 암페타민 계열의 약물은 아직 국내에서는 처방되지 않지만 북미나 해외에서는 자주 사용한다.

메틸페니데이트	암페타민	비신경흥분제
페니드(Penid)	에더럴(Adderall)	스트라테라(Strattera)
메타데이트(Metadate)	덱시드린(Dexedrine)	
콘서타(Concerta)	바이반스(Vyvanse)	인튜니브(Intuniv)
데이트라나(Daytrana): 패치형		
포칼린(Focalin)		
리탈린(Ritalin)		

약물의 부작용

일반적으로 흔히 보고되는 부작용은 식욕감퇴, 수면문제, 안절부절, 두통이나 복통 등이 있다. 자주 논란이 되고 있는 문제는 약물로 인한 성장 억제 문제이다. 최근 연구에 따르면 실제로 아동기에 키의 성장을 일시적으로 약물이 억제하는 것으로 보고하고 있다. 약물 사용으로 인해 평균적으로 1~3cm 정도 키의 성장을 지연시킨다고 한다. 하지만 청소년기 후반에 들어 약 복용에 상관없이 정상적으로 따라잡는다고 한다. 여전히 이러한 결과를 확정하기 위해 종단적인 연구가 더 필요하다.

약물 사용에 대한 결정

약물 사용 여부에 대한 판단은 전문가와의 상의와 더불어 아동에 대한 약물사용의 이익과 손실의 관점에서 고려해 봐야 할 것이다. 만약 아동이 학습 능력이 충분하지만 ADHD 문제로 인해 주의 집중을 하지 못하고 문제를 대충 읽어서 실수를 자주 하여 학업성취에 어려움을 겪거나 또래들에게 집단 따돌림을 당하는 경우 약물 사용이 손실보다 이득이 클 수 있다. 아동기의 학업수행 어려움과 친구들에게 거절이나 따돌림을 당한 경험은 아동에게 부정적인 자기상을 형성하게 되어 차후에 수정하는 것이 아주 어렵게 된다. 『리틀 몬스터』의 저자인 로버트 저젠 교수는 자신이 전문가로서 어느 정도 성공했다고 하지만 여전히 자신을 괴롭히는 것이 어린 시절 들었던 부정적인 꼬리표들이라고 한다. 어린 시절 들었던 부정적인 꼬리표들은 성인이 되어서도 스트레스 상황이 발생하면 자신을 비난하는 목소리로 괴롭히는 경우가 흔하다.

제4부

추가적인 개입방법

ADHD 증상을 개선하기 위한
대안적 방법들

아동의 감정을 이해하고 공감하는 부모의 반응은 자녀가 스스로 자신의 감정을 조절하는 데 도움이 되고, 부모가 일관되게 규칙과 제재를 시행하는 것도 자녀의 행동과 감정을 자녀가 스스로 조절하는 데 도움이 된다. 그리고 추가적인 전략으로 다음과 같은 활동을 권한다.

스포츠 활동에 참여하기

전두엽의 활성화를 위해 운동은 ADHD 아동에게 필수이다. 신체운동은 신경전달물질인 도파민이나 노르에피네프린을 활성화시켜서 ADHD 증상을 경감시키는 효과를 준다고 한다. 일부 ADHD 아동들의 경우 신체 근육 협응력의 결함으로 인해 운동에 서투를 수 있다. 운동을 할 경우 전신과 전뇌가 활성화된다. 운동을 할 때 움직임 하나하나가 두뇌의 여러 기관들의 협응적인 노력이 필요하기 때문에 당연히 머리가 좋아지게 된다. ADHD가 발달적으로 또래들보다 뒤처진 경우가 흔하기 때문에 또래들보다 기술이 부족한 경우 개인적인 지도가 필요할 수 있다. 올림픽 수영 금메달리스트 마이클 펠프스의 경우 수영 선수로서 구조화된 환경과 운동을 통해서 ADHD를 극복한 성공적인 사례이다.

신체 단련하기

지나친 과외활동과 부모의 높은 기대로 인해 오늘날의 아동의 스트레스는 높아지고 있다. 이런 이유로 최근에 신경발달의 불균형 장애라 할 수 있는 틱 장애가 아동들 사이에 흔한 발달장애 가운데 하나가 되었다. 규칙적인 운동을 통해서 인터넷 게임이나 스마트폰 사용의 시간을 줄이게 되고 또래들과의 사회성을 높이는 기회가 될 수 있다. 신체운동은 주의력 향상은 물론 지시 이행이나 주의 전환하기에 관여하는 두뇌의 특정부분에 윤활유 역할을 하게되어 사고의 유연성에 도움을 주어 반사적인 행동을 줄이는 데 도움이 될 수 있다. 신체 단련은 두뇌 발달에 필수이며, 심리적인 안정감과 자존감 발달에 중요하다. 운동이나 신체활동은 주의력을 높이고 충동성을 감소시키는 데 도움이 된다. 실제 대학생의 연구

에 의하면 복부비만이 높고 근력이 약할수록 ADHD 성향이 높아
진다는 보고를 하고 있다. 인터넷 게임이나 스마트폰 사용이 과도
한 아동의 경우 많은 시간을 앉아서 보내기 때문에 비만이 높고 근
력이 약할 수 있다.

요가, 무술 익히기

특히 무술(태권도, 태극권 등)은 ADHD 아동들에게 예의와 절도
를 몸으로 익히게 되어 자기조절력에 도움이 될 수 있다. 특히 무술
의 체계적인 품세나 투로를 외우고 익히는 것은 전두엽 활성화에
도움이 된다. 규칙적인 운동은 아동의 신체적인 발달에 도움을 줄
뿐만 아니라 사고의 유연성을 높이고 정서적으로 안정된 상태(정서
조절)를 보이는 정서적인 발달에 도움이 될 수 있다.

건강한 음식 섭취하기

단백질이 풍부한 음식은 주의력 향상에 도움이 된다. 특히 단백
질이 풍부한 아침식사는 ADHD 약물복용으로 인해 일어날 수 있
는 짜증이나 불안정한 심리상태를 줄이는 데 도움이 된다. 특히 인
공색소나 감미료, 방부제 등은 아동의 과잉행동과 주의 산만한 행
동을 더욱 악화시킬 수 있다. 참치나 연어 등의 등 푸른 생선에서
풍부한 오메가-3 지방산(omega-3 fatty acids)은 두뇌 호르몬인 도

파민의 수치를 높여 주의집중에 도움이 된다. 특히 오메가−3 지방산을 구입할 경우 성분 함량에서 DHA와 EPA의 용량이 합쳐서 1,000g 이상인 상품을 구매하는 것이 바람직하다. 설탕이 ADHD 아동에게 미치는 영향에 대한 논란이 다소 있었지만, 최근에는 설탕의 유해함이 점점 강조되고 있고 설탕이 과잉행동과 공격성을 증가시킬 수 있다는 견해가 많아지고 있다.

공기가 맑은 곳에서 살기

최근에 도심의 공해와 ADHD 증상 발현에 대한 연구 결과가 나왔다. 실제 고산지역 도시의 아동들이 상대적으로 적은 유병률을 보인다고 한다. 실제 발달장애의 발생은 이전보다 점점 높아지는 추세이다. 아직 정확한 이유를 밝혀내지 못했지만, 산모의 태반에서 검출된 유해물질과 대기오염 그리고 오늘날 우리가 먹는 음식이 이미 유전적인 변형이나 항생제, 과도한 성장촉진제 등의 많은 해로운 약물에 노출되어 있어 발달장애 유병률이 높아질 것이라 생각된다. 자연과 노동 그리고 조화로운 인간관계와 지속적인 교제와 접촉의 부재는 신체적 그리고 심리적으로 점점 취약한 상황에 처하게 할 것이다. ADHD 아동의 지연된 뇌발달을 돕기 위해서 오염되지 않고 다양한 체험을 할 수 있는 환경을 만들어 주는 것은 필수적이다.

푸른 자연환경에 노출하기

　최소한 매일 20분 정도 푸른 자연환경에서 활동하는 것이 아동의 주의집중 문제 개선에 도움이 된다고 한다. 최근 연구에 의하면 자연환경에서 보내는 시간과 ADHD 아동의 주의집중 능력 개선과의 관련성을 보고하고 있다. 객관적인 주의력 측정검사의 결과를 보면 잦은 자연환경에 노출이 되는 것이 보다 높은 주의력과 상관관계를 보고하고 있다. 글쓰기나 계산하기 작업 등은 주의집중을 요구하기 때문에 두뇌 전두엽의 신경전달물질을 고갈시키는데 이를 회복하기 위해서는 자연환경에서 휴식을 취하는 것이 좋은 방법이라 제시하고 있다. ADHD 아동 대상으로 한 연구에서 부모의 보고에 의하면, 외부 자연환경에서 활동을 한 경우 실내에서 한 활동보다 아동의 주의력이 더 낫다고 한다. 나무와 풀이 많은 자연환경에서 하는 모든 활동들이 주의력 개선에 크게 도움이 된다고 보고하고 있다. 심지어 일반 아동의 경우도 나무와 숲이 조성된 아파트에 사는 아동들이 그렇지 않은 아동들보다 충동조절력이 더 높다고 한다. 결론적으로 볼 때 주의력이나 충동조절에 있어 녹색 공간과 자연환경의 노출이 증상 개선에 도움이 된다는 것이다.

　등산이나 캠핑, 자전거 타기 그리고 낚시는 ADHD 아동에게 자연을 접할 수 있는 좋은 야외 활동이 될 수 있다. 아동과의 신체적인 접촉과 정서적인 소통을 통해 부모와의 친밀감과 신뢰감을 형성할 수 있는 좋은 기회가 될 수 있다. 등산은 아동과의 신체 접촉을 통한 친밀한 소통을 돕고 아동에게 신체단련의 기회가 되고 동시에 인내심과 극기 훈련에 좋은 야외 활동이 될 수 있다.

명상 연습하기

명상의 효과는 뇌파를 세타파로 안정시키는 도움이 된다. 명상이 다소 따분한 활동이 될 수 있지만 아동들에게 편안한 음악을 틀어 주고 명상을 하게 할 수 있다. 가급적이면 아동의 일상 구조화 활동 가운데 하나로 습관을 들이는 게 중요하다. 평소에 아동과 함께 명상을 연습한다. 놀이가 명상이 될 수 있는 좋은 외부 활동이 낚시이다. 찌를 보는 것 자체가 주의집중을 요구하는 것이며, 주변의 푸른 자연환경에 노출되는 것 또한 주의집중력에 도움이 된다. 처음에는 다소 입질이 오는 장소를 골라서 낚시를 하는 게 효과적이다. 가끔씩 입질이 올 경우 아동은 자연스럽게 주의집중을 하게 되고, 지나치게 빨리 낚싯대를 들어 올려도 고기를 잡을 수 없으며 지나치게 느리게 들어 올려도 미끼를 빼먹고 달아나기 때문에 아동에게 낚시하기는 주의집중과 충동성 조절에 도움이 될 수 있다.

복식호흡하기

규칙적인 복식호흡은 자율신경계의 균형을 도와 아동의 주의력과 이완에 도움이 될수 있다. 자율신경계는 교감신경계와 부교감신경계로 구성되어 있는데 심리적인 안정감과 편안한 상황일 때

부교감신경이 활성화된 상태를 가리킨다. 반면에 교감신경이 활성화될 경우 싸우거나 도망가는 상태로 활성화되기 때문에 호흡이 가빠지고 불안하거나 분노가 일어나게 된다. ADHD 아동들은 사소한 일에도 쉽게 화를 내거나 쉽게 심리적인 변화를 보일 소지가 높기 때문에 평소에 심리적인 안정 상태를 유지하려는 노력이 필요하다. 복식호흡, 즉 깊은 호흡을 함으로써 몸과 마음의 긴장을 풀어 줌으로써 편안하고 안정감을 느끼게 하는 부교감신경의 활성이 필요하다. 중요한 것은 가정에서 자녀와 부모가 하루에 적어도 10~20분씩 복식호흡을 해야 한다. 평소에 마음이 고요한 상태에서 하는 것이 바람직하다. 왜냐하면 불안하고 스트레스를 받는 상황이 발생할 경우 자동적으로 심리적인 안정감을 유지하게 된다. 복식호흡은 ADHD 아동으로 인해 만성적인 우울감과 불안을 경험하는 부모나 가족들에게는 더욱더 중요하다. 최근에 ADHD에 도움이 되는 호흡기술로 일치적 호흡하기(Coherent Breathing)가 주목받고 있다. 이 기술의 핵심은 호흡과 심장, 폐, 그리고 두뇌의 리듬을 조율하는 것으로 1분에 5~6회의 깊은 호흡을 한다. 숨이 코로 들어가고 나가고 하는 느낌을 자각하면서 천천히 길게 들이마시고 천천히 길게 숨을 내쉰다. 이러한 호흡법은 보다 많은 산소를 신체 세포와 두뇌에 전달하게 되어 ADHD 아동의 주의력 개선과 긴장 이완에 도움이 된다.

유해한 환경을 수정하기

ADHD를 흔히 동기결함의 장애로 부른다. 이러한 이유로 ADHD 아동들은 쉽게 놀이나 과제에 흥미를 잃게 되고, 보다 자극적이고 새로운 것을 추구하는 성향이 높다. 시청자를 붙들기 위한 자극적인 TV 방송, 인터넷이나 스마트폰 게임 등은 이미 동기를 부여하는 도파민이라는 신경전달물질을 과도하게 사용하게 되어 해야 할 과제나 숙제를 하는 데 있어 심각한 거부감이나 미루기를 하게 된다. 한편, 가정에서 흡연을 하는 경우 ADHD 아동의 문제는 악화될 수 있다. 유해한 환경물질에 노출도 유의할 필요가 있다. 연구 결과에 따르면 디지털 기기의 사용으로 인해 아동 · 청소년에게 ADHD가 증가하고 있다고 보고되었다. 최근 국내외 연구에서 스마트폰 사용과 ADHD 증상의 연관성을 주장하고 있다.

ADHD 아동의 강점과 재능 발견하기

ADHD 아동에 대한 개입 중에서 가장 중요한 것 중에 하나는 아동의 재능과 소질을 파악하는 것이다. 문제해결 중심의 개입 못지않게 중요한 것은 강점 중심의 개발이다. 과잉행동의 경우 아동기에는 다소 문제가 되지만 대학생의 연구에서는 오히려 적극성과 주도성의 측면에서 긍정적인 것으로 나타났다. 실제 기업인들 가운데 ADHD 진단을 받거나 그러한 성향이 높은 사람들이 많다. 과잉행동의 경우 열정과 에너지로 활용할 수 있기 때문에 아동이 좋아하는 분야를 발견할 경우 엄청난 자원이 될 수 있다.

성룡이나 짐 캐리 등 유명 연예인의 경우 ADHD에도 불구하고 성공한 인물들이다. 수업시간에 과잉행동과 광대 짓으로 교사도 다루기에 힘들었던 성룡은 ADHD와 난독증을 가지고 있었다. 그의 문제행동을 지각한 아버지가 중국 북경 경극학원에 입학시켜 연극과 무술을 배우도록 하였다. 짐 캐리 역시 우울증과 ADHD를 가진 성인이다. 그가 보이는 과장되고 희극적인 요소는 자신의 우울증에 대한 보상행동이고 열정적이고 코믹스러운 행동은 전형적인 충동적 에너지가 승화된 행동이라 할 수 있다.

3차 산업혁명 시대에서는 정보의 독점과 학벌이 중요하였지만, 4차 산업혁명 시대에서는 개인의 창의성과 자신만의 고유한 색깔, 즉 브랜드를 만드는 것이 중요하다. 성공의 방식이 일방향이 아니라 365도 원처럼 누구나 성공할 수 있는 방식으로 펼쳐지고 있다. 자녀의 재능과 관심을 찾기 위해서 부모가 해야 할 일은 다양한 체험적 경험의 기회를 제공해야 한다. 카이스트의 김대식 박사의 주장처럼 아이들이 다양한 경험을 통해서 본인 스스로 자신의 관심사를 발견해야만이 목표에 대한 동기가 높아지게 된다고 한다. 체험이 가장 좋은 학습이고 이를 통해서 자신의 흥미와 관심사를 발견할 수 있게 된다. ADHD 아동에게는 효과적인 학습방식과 프로그램으로 구성된 대안학교가 바람직할 수 있다.

대안학교를 선택하기

ADHD 아동은 일반 아동과 달리 자신이 좋아하는 일에는 과도하리만큼 관심과 집중력을 보인다. 그리고 일반 정규 학교에 주입식 암기위주의 교육은 ADHD 아동에게는 고문과 같을 수 있다. 다수의 ADHD 아동은 청각 중심의 교육보다는 시각적이고 실험적인

체험 중심의 학습이 효과적일 수 있다. ADHD 아동을 위한 교수법
에 대한 다양성은 전통적인 학교제도보다는 새로운 교수법을 시도
하는 대안학교가 적합할 수 있다.

부록

회기별 주제와 내용

- 1회기(가족상담)
  - ADHD 아동 평가하기(평정척도 사용하기)
  - 아동의 문제행동에 대한 논의하기(가정과 학교)
  - ADHD 증상에 대한 탐색과 어려움 타당화하기
  - 구조화의 중요성에 대해 설명하기
  - 부모와의 애착관계 평가하기(평정척도)
  - 형제자매와의 갈등 평가하기
  - 양육태도 평가하기

- 2~5회기(부부상담)
  - 가정의 가치관 바로 세우기
  - 부모가 올바른 언행을 보이기
  - 가정의 구조화 작업하기(규칙과 제재세우기)
  - 일일행동카드 소개하기(학교에서 일일행동 가정에서 확인하기)

-부부에게 부모 양육유형 교육하기

-아동의 감정과 사고 반영하기를 훈련하기

-감찰하기: 멈추기, 생각하고 말하기, 훈련 소개하기

-명상하기, 긴장이완 연습하기

• 6~9회기(부부상담)

-가족의 스트레스 논의하기(알코올, 수입, 신체적인 질병, 실직 등)

-규칙과 제재의 일관적인 시행의 중요성에 대한 교육하기

-행동변화 모형 설명하기(X와 Y 축 그려 보여 주기)

-가족의 역동 파악하기(부부나 원가족과의 관계 역동 이해하기,
구조적 가족주의 적용하기)

-부부의 심리적인 장애(우울, 불안 및 기타 심리적 문제)

-부부갈등에 대해 논의하기

-부부 중심의 가치관 세우기

-부부의 셀프케어 논의하기

-이마고 부부대화법 소개하기

• 10~12회기(부모교육)

-부부 중심의 관계 중요성 논의하기

-학교 교사와의 협력적인 관계 중요성 설명하기

-행동수정기술 교육하기(강화와 처벌, 차별적 강화 교육하기)

-행동수정기술 적용하기 검토와 피드백 나누기

- 13~15회기(가족상담)

  −가족행사 만들기(예, 금요일 저녁 영화 보기, 피자 파티하기 등)

  −아동의 장점 파악하기 및 아동의 꿈을 갖도록 도와주기

  −이마고 대화기술 교육하기

  −명상하기, 긴장이완 연습하기

  −아동과의 특별한 시간 보내기

  −아동의 과제 확인하기

  −(등산, 낚시, 자전거 타기 등)

- 16~18회기

  −행동수정기술 적용 검토하기

  −부모와 자녀 관계 검토하기

  −행동수정기술 교육하기(강화와 처벌, 차별적 강화 교육하기)

  −행동수정 차트 만들기

  −명상하기, 긴장이완 연습하기

  −이마고 대화기술 연습하기

  −아동의 재능과 장점 발견하기

  −아동과의 특별한 시간 보내기

  −아동의 과제 확인하기

  −미술이나 놀이치료 사용하기

  −(등산, 낚시, 자전거 타기 등)

- 19~20회기(가족상담)

  −아동의 변화에 대해 논의하기

－행동수정기술 적용 검토하기

－아동과의 특별한 시간 보내기

－아동과의 놀이치료 보여 주기

－아동의 과제 확인하기

－미술이나 놀이치료 사용하기

－등산하기

• 21회기

－상담과정에 대한 성취와 변화 논의하기

－상담 종결 후 지속적으로 기술 사용하기

－추후 상담 일정 논의하기

－(등산하기, 여행하기, 위인 생가 방문하기, 미래 직업현장 체험하기)

참고문헌

강경숙, 박혜성, 김남희 역(2010). ADHD 진단 및 중재. 서울: 학지사.

김동일, 이명경(2006). 주의력결핍 및 과잉행동장애(ADHD) 원인론의 경향과 전망: 애착이론에 의한 대안적 접근. 상담학연구. 7(2), 523-540.

김선경 역(2008). ADHD의 이해: 주의력결핍과잉행동장애의 진단과 치료. 서울: 민지사.

김정인, 윤선경, 오현경, 이승환(2015). 주의력결핍 과잉행동장애 아동의 뉴로피드백 훈련에 대한 임상적 의의. 대한신경정신과협회 저널. 54, 62-68.

김현영(2013). ADHD 청소년의 정서조절을 위한 미술치료 프로그램개발. 대구대학교.

남궁선, 이영호(2016). ADHD 아동의 화용론적 결함 및 공감능력 부족과 또래관계 문제와의 관련성. 한국심리학회지: 발달. 29, 43-61.

박형배, 서완석(2002). 주의력 결핍장애 아동 및 청소년을 위한 가장 좋은 양육법. 서울: 하나 의학사.

송현주(2014). 초등학생의 ADHD 성향 유병률과 ADHD 성향, 환경적 변인들 및 또래관계 간의 관계. 아시아교육연구. 15(4), 189-217.

신연희, 정현희, 최성열(2010). 아동의 주의력결핍 과잉행동장애(ADHD) 증상, 어머니 양육스트레스와 양육행동, 아동의 사회적 유능감 및 자기유능감 간의 구조적 관계 분석. 아동교육. 3, 143-158.

심희원(2012). 양육스트레스, 마음챙김과 자녀의 문제행동간의 관계: 상담받는 자녀를 둔 어머니를 대상으로. 한국아동심리치료학회지. 7(2), 21-38.

안동현 외(2015). ADHD의 통합적인 이해. 서울: 학지사.

양돈규, 변명숙(2007). ADHD 아동의 재능. 서울: 시그마프레스.

오원옥, 박은숙(2007). 주의력결핍 과잉행동장애 아동 부모의 양육 경험: 정상에 다가가기. 대한간호학회지. 37(1), 91-104.

이동훈(2009). 초등학생의 ADHD 증상 유병률 및 우울, 불안, 스트레스, 학교 부적응과의 관계. 상담학연구. 10, 2397-2419.

이성직(2013). 주의력결핍 과잉행동장애 아동을 위한 가족상담 접근에 대한 고찰 및 제안. 가족과 상담. 3(1), 1-14.

이시형(2013). 아이의 자기조절력. 서울: 지식채널.

이유니 역(2013). 부모-아동 상호작용 치료. 서울: 학지사.

이효신(2010). ADHD 아동의 특성과 중재에 관한 고찰. 정서·행동장애 연구. 16(1), 159-180.

조수철, 신윤오(1994). 파탄적 행동장애의 유병률에 대한 연구. 소아·청소년정신의학. 5(1), 141-149.

조아라, 이순 공역(2009). 리틀 몬스터: 대학교수가 된 ADHD 소년. 서울: 학지사.

주순희 역(1992). 인격적인 사랑: 효과적인 훈육. 서울: 두란노.

최소영, 최의겸, 박기환(2010). 성인 ADHD 증상이 양육행동 및 자녀의 ADHD 증상에 미치는 영향. 한국심리학회지: 임상. 29(1), 169-188.

최윤영, 김지혜, 조선미, 홍성도, 오은영(2002). 주의력결핍과잉행동장애 아동 어머니의 우울감, 양육 스트레스 및 양육 관련 태도가 양육행동에 미치는 영향. 소아·청소년정신의학. 13, 153-162.

최진오(2008). 주의결핍/과잉행동장애(ADHD)의 뇌과학적 기재와 교육중재방안. 학습장애연구. 5, 23-42.

한여진, 홍창희(2017). 성인 ADHD 성향 대학생 집단을 대상으로 한 뉴로피드백 훈련의 효과. 한국산학기술학회논문지. 18, 245-255.

Arns, M., Heinrich, H., & Strehl, U. (2014). Evaluation of neurofeedback in ADHD: The long and winding road. *Biological Psychology, 95,*

108–115.

Barkley, R. (1997). Behavioral inhibition, sustained attention, and executive functions: Constructing a unifying theory of ADHD. *Psychological Bulletin, 121, 1,* 65–94.

Barkley, R. (2005). Taking charge of ADHD: The complete, authoritative guide for parents. Guilford Press.

Bidzan Bluma, I. B., & Lipowska, M. (2018). Physical activity and cognitive functioning of children: A systematic review. *International Journal of Environmental Research and Public Health, 15,* published online 2018 Apr 19.

Boo, G. M., & Prins, P. J. M. (2007). Social incompetence in children with ADHD: Possible moderators and mediators in social–skills training. *Clinical Psychology Review, 27,* 78–97.

Choi, E. S., & Lee, W. K. (2015). Comparative effects of emotion management training and social skills training in Korean children with ADHD. *Journal of Attention Disorders, 19,* 138–146.

Chronis, A. M., Jones, H. A., & Raggi, V. L. (2006). Evidence–based psychosocial treatments for children and adolescents with attention–deficit/hyperactivity disorder. *Clinical Psychology Review, 26,* 486–502.

Climie, E., & Mastoras, S. M. (2015). ADHD in Schools: Adopting a strengths–based perspectives. *Canadian Psychology, 56,* 295–300.

Deault, L. C. (2010). A systematic review of parenting in relation to the development of comorbidity and functional impairments in children with attention–deficit/hyperactivity disorder(ADHD). *Child Psychiatry Human Development, 41,* 168–192.

Dubo, E. D., Zanarini, M. C., Lewis, R. E., & Williams, A. A. (1997). Childhood antecedents of self–destructiveness in borderline personality disorder. *Canadian Journal of Psychiatry, 42,* 63–69.

Eisenstadt, T. H., Eyberg, S., & McNeil, C. B. (1993). Parent–child interaction therapy with behavior problem children: Relative effectiveness of two stages and overall treatment outcome. *Journal of Clinical Child Psychology, 22*, 42-51.

Fosco, W. D., Hawk, L .W., Rosch, K. S., & Bubnik, M. G. (2015). Evaluating cognition and motivational accounts of greater reinforcement effects among children with attention-deficti/ hyperactivity disorder. *Behavioral and Brain Functions, 11*(1) DOI: 10.1186/s12993-015-0065-9

Goodlad, J. K., Marcus, D. K., & Fulton, J. J. (2013). Lead and attention deficit/hyperactivity disorder symptoms: A meta-analysis. *Clinical Psychology Review, 33*, 417-425.

Harpin, V. A. (2005). The effect of ADHD on the life of an individual, their family, and community from preschool to adult life. Archives History of attention deficit hyperactivity disorder. From Wikipedia, the free encyclopedia. https://en.wikipedia.org/wiki/History_of_attention_ deficit_hyperactivity_disorder#Encephalitis_epidemic_1917-1918

Holz, N., Boecker, R., Baumeister, S., Hohm, E., Zohsel, K., Buchmann, A. F., Blomeyer, D. et al. (2014). Effect of prenatal exposure to tobacco smoke on inhibitory control. *JAMA Psychiatry, 71*, 786-796.

Hoza, B., Smith, A. L., Shoulberg, E. K., Linnea, K. S., Dorsch, T. E., Blazo, J. A., Alerding, C. M., & McCabe, G. P. (2014). A randomized trial examining the effects of aerobic physical activity on attention-deficit/hyperactivity disorder symptoms in young children. *Journal of Abnormal Child Psychology, 43*, 655-667.

Johnson, M., Ostund, S., Fransson, G., Kadesjo B., & Gillberg, C. (2009). Omega-3/Omega-6 fatty acids for attention deficit hyperactivity disorder. *Journal of Attention Disorders, 12*, 304-401.

Lange, K. W., Reichel, S., Lange, K. M., Tucha, L., & Tucha, O. (2010). The history of attention deficit hyperactivity disorder. *Attention*

Deficit Hyperactivity Disorder, 2, 241–255.

Liu, J., Leung, P., McCauley, L., Ai, Y., & Pinto, J. (2012). Mother's environmental tobacco smoke exposure during pregnancy and externalizing behavior problems in children. *Neurotoxicology, 34*, 167–174

Moghaddam, M. F., Assareh, A. H., Rad, R. E., & Pishjoo, M. (2013). The study comparing parenting styles of children with ADHD and normal children. *Archives of Psychiatry and Psychotherapy, 4*, 45–49.

Moore, D., Russell, A., Matthews, J., Ford, T., Rogers, M., Ukoumunne, O. C., Kneale, D., Thompson, J., Sutcliffe, K., Nunns, M., Shaw, L., Gwernan-Jones, R. (2018). School-based interventions for attention-deficit/hyperactivity disorder: A systematic review with multiple synthesis methods.

Mulligan, A., Anney, R., Butler, L., O'Regan, M., Richardson, T., Tulewicz, Fitzgerald, M., & Gill, M. (2011). Home environment: association with hyperactivity/impulsivity in children with ADHD and their non-ADHD siblings. *Child: Care, health and development, 39*, 202–212.

Perera, F. P., Chang, H. W., Tang, D., Roen, E. L., Herbstman, J., Margolis, A., Huang, T. J., Miller, R. L. et al.(2014). Early-life exposure to polycyclic aromatic hydrocarbones and ADHD behavior problems. *PLoS ONE, 9*, https://doi.org/10.1371/journal.pone.0111670

Robbin, C. A. (2005). ADHD couple and family relationships: Enhancing communication and understanding through Imago Relationship Therapy. *Journal of Clinical Psychology, 61*, 565–577.

Sarver, D. E., Rapport, M. D., Kofler, M. J., Raiker, J. S., & Friedman, L. M. (2015). Hyperactivity in attention-deficit/hyeperacticity disorder: Impairing deficit or compensatory behavior? *Journal of Abnormal Child Psychology, 43*, 1219–1232.

Sattelmair, J., & Ratey, J. J. (2009). Physically active play and cognition: An academic matter? *American Journal of Play*, *1*(3), 365–374.

Taylor, A. F., & Kuo, F. E. (2011). Could exposure to everyday green spaces help treat ADHD ? Evidence from children's play setting. *Applied Psychology: Health and Well–Being*, *3*, 281–303.

Theule, J., Wiener, J., Rogers, M. A., & Marton, I. (2011). Predicting parenting stress in families of children with ADHD: Parent and contexual factors. *Journal of Child Family Studies*, 20, 640–647.

Tredgold, C. H. (1908). Mental deficiency (amentia), 1st edn. Wood. New York.

Verret, C., Guay, M–C., Berthiaume, C., Gardiner, P., & Beliveau, l. (2012). A physical activity program improves behavior and cognitive fucntions in children with ADHD: An exploratory study. *Journal of Attention Disorders*, *16*(1), 71–80.

Waters, S. F., Virmani, E. A., Thompson, R. A., Meyer, S., Raikes, H. A., & Jochem, R. (2010). Emotion regulation and attachment: Unpacking two constructs and their association. *Journal of Psychopathology Behavior Assessment*, *32*, 37–47.

Weiss, M., Hechtmann, L., & Weiss, G. (1999). *ADHD in Adulthood: A Guide to Current Theory, Diagnosis, and Treatment.* The Johns Hopkins University Press.

Winsler, A. (1998). Parent–child interaction and private speech in boys with ADHD. *Applied Developmental Science*, *2*, 17–39.

Zielinski, J. J. (1999). Discovering Imago Relationship therapy. *Psychotherapy*, *36*.

찾아보기

저자 소개

이성직(Lee, Seongjik)
미국 테네시 주립대학교에서 지역사회 상담학을 전공하여 석사학위를 취득한 후 지역 소재 비행청소년치료센터에서 치료자로 근무하였으며, 이후 켄터키 대학교에서 상담심리학 전공으로 박사학위를 취득하였다. 켄터키 대학교 상담심리학과 부설 클리닉에서 Kate M. Chard 교수가 개발한 '유년시절 성폭행으로 인한 외상 후 스트레스 장애에 대한 인지처리치료법(Cognitive Processing Therapy for Sexually Abused: CPT-SA)'을 수련감독 받았으며, Center for Women, Children and Families에서 개인 상담과 평가를 하였고, 주 정부로부터 양육권 박탈에 처한 부모들을 대상으로 부모교육을 하였다. 그 외에도 다수의 대학상담센터와 비행청소년 그룹 홈에서 상담 및 심리치료 수련을 하였고, Bluegrass Mental Health-Mental Retardation Board에서 인턴십을 통해 개인 · 가족 · 부부 상담을 하였으며, 성인 치료집단을 이끌었다. 또한 유치원과 초 · 중 · 고등학교 교사를 대상으로 행동수정기법의 적용방법에 대해 코칭하였다. 2012년부터 2019년까지 용문상담심리대학원에서 전임교수로 재직하였으며, 현재는 연세대학교 심리학과에서 겸임교수로 활동하고 있다. 현재 한국 ADHD 협회 회장이며 한울심리상담센터 대표이다.

ADHD 전문가를 위한 치료 지침서
Treatment Guidelines for ADHD Professionals

2020년 2월 15일 1판 1쇄 발행
2023년 10월 10일 1판 5쇄 발행

지은이 • 이 성 직

펴낸이 • 김 진 환

펴낸곳 • (주) **학지사**

04031 서울특별시 마포구 양화로 15길 20 마인드월드빌딩 5층

대표전화 • 02) 330-5114   팩스 • 02) 324-2345

등록번호 • 제313-2006-000265호

홈페이지 • http://www.hakjisa.co.kr
인스타그램 • https://www.instagram.com/hakjisabook

ISBN 978-89-997-2025-3 93370

정가 **12,000원**

출판미디어기업 **학지사**

간호보건의학출판 **학지사메디컬** www.hakjisamd.co.kr
심리검사연구소 **인싸이트** www.inpsyt.co.kr
학술논문서비스 **뉴논문** www.newnonmun.com
원격교육연수원 **카운피아** www.counpia.com